마귀의 지령

C. S. 루이스 箸
엄 성 옥 譯

마귀의 지령
Screwtape Letter

초판 발행	1989년 9월 10일
2쇄 발행	2010년 11월 10일
지은이	C. S. 루이스
옮긴이	엄성옥
발행처	은성출판사
등록	1974년 12월 9일 제9-66호

ⓒ 1989, 2010년 은성출판사

주소	서울시 강동구 성내동 538-9
전화	070) 8274-4404
팩스	02) 477-4405
홈페이지	http://www.eunsungpub.co.kr
전자우편	esp4404@hotmail.com

출판 및 판매에 관한 모든 권한은 본 출판사가 소유하고 있습니다. 출판사의 사전 서면 허락 없이 상업적인 목적으로 번역, 재제작, 인용, 촬영, 녹음 등을 할 수 없음을 알려드립니다.

Printed in Korea
ISBN: 89-7236-000-7 33230

머리말

『마귀의 지령』은 2차 대전 중에 지금은 폐간된 「*The Guardian*」지(誌)에 실렸던 편지 형식의 글이다. 나는 그 신문사에서 그 글들을 게재함으로 인해 피해를 보지 않기를 원했다. 어쨌든 그 신문사는 그 글을 게재함으로 인해 한 사람의 독자를 잃었다. 즉 어느 시골 성직자는 편집자에게 "이 편지들이 주는 충고는 대체로 잘못된 것일 뿐만 아니라 분명히 악하다"라는 근거로 구독을 취소하는 편지를 보냈던 것이다.

그러나 전반적으로 그 편지들은 내가 예상치 못했던 반응을 일으켰다. 그것을 칭찬하는 사람들도 있었고, 분노를 나타내는 사람도 있었다. 이것은 필자가 자신의 목표를 이루었음을 나타내는 반응이었다. 이 신문은 처음에 막대한 부수가 판매되었으며 계속 꾸준하게 판매되었다.

물론 작가들이 바라는 것이 많은 판매 부수만은 아니다. 영국에서 성경책이 얼마나 많이 읽히고 있는지를 성경책의 판매 부수에 의해 계산한다면 그것은 크게 잘못된 것이다. 『마귀의 지령(*The Screwtape Letters*)』의 판매 부수도 이와 동일한 애매함을 가지고 있다. 그것은 대자(代子)들에게 주어지는 책이요, 은밀하고 조용한 곳에서 큰 소리로 읽히는 책이다. 내가 관찰한 바에 의하면 독자들 중에는 한적한 방에 들어가서 전혀 방해를 받지 않고 평안한 마음으로 『길 고치는 사람(The Road Mender)』『John Inglesant』『꿀벌의 생활(The Life of the Bee)』 등의 책과 함께 이 책을 읽는 사람들도 있다. 때로 훨씬 더 부끄러운 이유 때문에 그 책을 사는 사람도 있다.

내가 아는 어느 부인은 병원에서 근무하는 어여쁜 견습 간호원이 『마귀의 지령』을 읽었다는 것, 그리고 그 이유가 무엇인지를 알아내었다. 그녀는 "우리는 수간호원들이 우리를 심사할 때에 실질적이고 기술적인 문답을 한 후에 우리의 일반적인 관심사에 대해 질문할 것인데, 그 때에는 책을 읽었다고 대답하는 것이 가장 좋다는 충고를 받았습니다. 그들은 보통 쉽게 인정되는 책 열 권을 추천하면서 최소한 그 중에서 한 권은 읽어야 한다고 말했습니다"고 말했다.

"그래서 당신은 『마귀의 지령』을 택했습니까?"

"물론입니다. 나는 그것의 분량이 제일 적기 때문에 그것을 택했습니다."

그러나 모든 상황들을 고려해볼 때, 이 책은 많은 진정한 독자들을 가지고 있는데, 그들은 이 책이 자기들의 마음에서 제기하는 질문들에게 대답할 가치가 있다고 생각한다. 이 책이 독자들에게 제기하는 가장 보편적인 질문은 "당신은 정말로 사단의 존재를 믿느냐?"는 것이다.

만일 "사단"이라는 것이 하나님과 반대되는 세력으로서 영원 전부터 스스로 존재하는 것이라고 생각한다면, 그 대답은 분명히 부정이다. 스스로 존재하는 것은 오직 하나님 뿐이며, 만물은 피조된 것들이다. 하나님과 반대되는 세력은 존재하지 않는다. 하나님의 완전한 선과 반대되는 완전한 악을 획득할 수 있는 존재는 없다. 인간이라는 존재에게서 온갖 종류의 선한 것들(지성, 의지, 기억, 활력, 존재 자체)을 제거하면 아무 것도 남지 않을 것이다.

그러므로 우리는 "당신은 마귀들의 존재를 믿느냐?"라고 묻는 것이 옳다. 나는 마귀들이 존재한다고 믿는다. 다시 말하자면, 나는 천사들의 존재를 믿으며, 또 어떤 천사들이 자유 의지를 남용하여 하나님과 원수가 되었으며, 그에 따른 당연한 결과로 우리의 원수가 되었음을 믿는다. 우리는 이런 천사들을 마귀들이라고 부른다. 마귀들은 본래 선한 천사들과 다름 없었으나, 그들의 본질이 타락한 것이다. 악한 사람이 선한 사람과 반대가 되듯이, 마귀들은 천사들과 반대가 된다. 마귀들의 지도자, 혹은 사령관인 사단은 하나님과 반대되는 것이 아니라 미가엘과 반대가 된다.

이것은 나의 신조가 아니라 견해이므로, 혹시 이 견해가 거짓으로 판명되어도 내 신앙은 파멸하지는 않을 것이다. 그리고 이 견해가 거짓으로 판명되지 않는한 나는 이 견해를 보유하겠다. 내가 보기에 그것은 많은 선한 사실들을 설명해 주는 듯하다. 그것은 성경의 분명한 의미, 기독교계의 전통, 그리고 모든 시대, 모든 사람들의 신앙과 일치하며,. 또 과학적으로 진리라고 인정된 것들과도 어긋나지 않는다.

선한 천사든 악한 천사든 그것들의 존재를 믿는다는 것은 미술이나 문학에 표현된 것을 믿는 것을 의미하는 것이 아니다. 마귀들은 박쥐의 날개가 달린 모습, 천사들은 새의 날개가 달린 모습으로 묘사된 것은 도덕적인 타락이 깃털을 막피(膜皮)로 변화시키기 때문이 아니라 사람들은 박쥐보다는 새를 좋아하기 때문이다. 사람들은 전혀 방해를 받지 않는 기민한 지적 에너지를 암시하기 위해 천사들에게 날개를 달아 주었으며. 또 우리가 알고 있는 이성적인 피조물은 인간 뿐이기 때문에 천사들은 인간의 형태로 묘사된다.

자연의 이치 중에서 우리가 경험할 수 없는 것, 우리보다 차원이 높은 피조물들은 상징적으로 표현할 수 밖에 없다. 이렇게 묘사된 것들은 상징적이다. 생각이 있는 사람이라면 누구나 이것이 상직적이라는 것을 알고 있다.

희랍 사람들은 신들이 실제로 조각가들이 조각한 것처럼 아름다운 인간의 형태를 가지고 있다고 믿지는 않았다. 그들의 시를 보면, 어떤 신은 인간에게 모습을 드러내기 위해서 임시로 인간의 형상을 취했다. 기독교 신학에서도 천사들의 출현을 동일한 방법으로 설명하고 있다. 5세기의 인물인 디오니시우스는 "영들이 정말로 날개가 달린 인간이라고 생각하는 사람은 무식한 사람이다"라고 말했다.

조형 미술에서는 이러한 상징들이 꾸준히 퇴화되고 있다. 안젤리코(Fra Angelico)가 그린 천사들의 얼굴과 몸짓에는 하늘나라의 평화와 권위가 나타나 있다. 그보다 후기의 화가인 라파엘은 토실 토실하고 천진난만한 나체로 묘사했다. 19세기 미술에 등장하는 부드럽고 호리호리하고 소녀 같고 위로를 주는 천사들은 너무나 여성적이요 관능적이다. 그것들은 유해한 상징들이다. 성경을 보면 천사의 방문은 항상 인간을 놀라게 하기 때문에 천사는 "두려워 말라"는 말부터 한다.

문학에 등장하는 상징들은 더욱 해롭다. 왜냐하면 독자들은 그것들이 상징이라는 것을 쉽사리 인식하지 못하기 때문이다. 그러나 문학 작품에 등장하는 상징들 중에서는 단테의 작품에 등장하는 것들이 가장 훌륭하다. 우리는 그가 묘사한 천사들 앞에서 두려워 고개를 숙인다. 러스킨이 평한 바와 같이 그가 묘사한 사납고 악하고 완고한 마귀는 밀튼이 묘사한 마귀보다 훨씬 더 실체에 가깝다고 할 수 있다. 밀튼이 묘사한 마귀는 호머와 라파엘의 영향을 많이 받은 것으로서 너무나 장엄하고 시적이기 때문에 큰 해를 끼쳐왔다. 그러나 진정으로 위험한 것은 괴테의 작품에 등장하는 메피스토텔레스이다. 그의 작품에서 지옥을 나타내는 표식인 무자비하고 쉬지 않고 웃음이 없이 자아에 집중하는 특성을 나타내는 것은 메피스토텔레스가 아니라 파우스트이다. 익살맞고 세련되고 분별이 있고 융통성이 있는 메피스토텔레스는 자유케 하는 악이라는 망상을 강화하는데 도움을 주고 있다.

위대한 사람이 범하는 오류를 하찮은 사람은 피할 수 있을 것이다. 나는 나의 상징적 작품에서 최소한 괴테와 같은 오류를 범하지 말아야 한다고 생각했다. 해학(諧謔)에는 일종의 균형 감각, 그리고 외부에서 자신을 보는 능력이 포함된다. 그러므로 우리는 교만 때문에 범죄한 마귀들에게 다른 특성은 부여하더라도 해학이라는 특성만은 부여해서는 안된다.

체스터톤(Chesterton)은 사단은 중력 때문에 타락했다고 말했다. 그러나 우리는 지옥이란 그곳에 있는 모든 영혼들이 영원히 자신의 권위와 승진에만 관심을 갖는 곳, 모든 사람이 불평을 지니고 있는 곳, 모든 사람이 탐심과 자존대와 분노라는 치명적인 욕망들을 가지고 살아가는 곳으로 묘사해야 한다. 나는 이 점을 최우선으로 생각했으며, 나머지 일들에 관해서는 나이와 기질에 의거하여 상징을 선택하였다.

나는 관료주의자보다는 박쥐를 훨씬 더 좋아한다. 나는 경영 관리 시대, 정부라는 세계 속에서 살고 있다. 지금 이 더러운 죄악의 소굴 속에서는 디킨즈가 묘사한 것 같은 큰 악은 행해지지 않고 있다. 포로수용소나 강제노동 수용소에서도 그런 죄는 행하지 않는다. 그런 곳에서 우리는 그 죄의 최종적인 결과를 본다. 흰 와이샤츠를 입고 손톱을 깨끗이 가다듬고 면도를 말끔히 하고 결코 언성을 높이지 않는 사람들이 깨끗하고 따뜻하고 카페트가 깔리고 조명이 잘된 사무실에 앉아서 그런 악을 생각하고 지시하고 있다. 이런 까닭에 내가 지옥을 나타내기 위해 사용한 상징은 관료주의, 또는 지극히 추잡한 일과 관련된 사무실과 흡사하다.

밀튼은 "마귀들은 저주 받은 화합을 이룬다"고 말했는데, 과연 그것들은 어떤 방법으로 화합을 이루는가? 물론 그것은 우정에 의한 화합은 아니다. 사랑할 수 있는 존재라면 마귀라고 할 수 없다.

이 점에서도 내가 이 책에서 사용한 상징이 유익하다고 생각된다. 그것은 나로 하여금 세상에 있는 유사한 사물을 사용하여 철저히 두려움과 탐욕에 의해 결합된 사회를 묘사할 수 있게 해주었다. 일반적으로 볼 때 예절이란 표면적으로는 온화한 것이다. 상관에 대한 무례는 자멸하는 일이 될 것이요; 동료에 대한 무례는 당신이 지뢰를 폭파하기 전에 그들이 스스로를 방어하게 만들 것이다.

물론 모든 조직의 원리는 "동족상잔(同族相殘)"이다. 모든 사람들은 다른 사람들의 명예 훼손과 좌천과 멸망을 원하며, 은밀하게 소문을 퍼뜨리며, 겉으로는 같은 편인 체하면서 뒤에서 공격하는 전문가이다. 이런 것들 위에 선한 태도, 정중한 존경의 표현, 서로의 귀중한 일에 대한 찬사 등이 얇은 껍질처럼 덮혀 있는데, 그곳에 구멍이 뚫릴 때마다 미움이라는 뜨거운 용암이 솟구쳐 올라온다.

또 내가 사용한 상징은 나로 하여금 마귀들은 전혀 사욕이 없이 악이라고 불리우는 것을 좇는 일에 종사한다는 어리석은 환상을 제거할 수 있게 해주었다. 나의 상징은 그와 같은 바보 유령을 표현하는 데에는 전혀 유익하지 못하다.

악한 인간들이 존재하듯이, 악한 천사들도 마찬가지로 실재하는데 그들은 두 가지 동기를 가지고 있다.

첫째는 형벌에 대한 두려움이다. 전체주의 국가에 고문하는 장소가 있는 것처럼, 내가 생각하는 지옥에는 교정(矯正)의 처소인 깊은 지옥들이 있다.

둘째 동기는 일종의 굶주림이다. 나는 마귀들은 영적인 의미에서 서로를 잡아 먹으며 우리를 잡아 먹을 수도 있다고 생각한다. 우리는 인산 생활 속에서 징욕이 우리의 동료를 지배하고 삼키며, 동료의 모든 지적, 감정적 생활을 자기 자신의 생활의 확장으로 여기며, 자신은 물론이요 동료를 통해서 자신의 이기심을 충족시키며 자신의 증오심을 미워하고 자신의 불평들을 원망하는 것을 보아왔다. 우리는 그의 작은 욕망의 창고에 우리의 욕망을 위한 공간을 만들게 한다. 만일 그가 이 요구를 거절한다면 그는 대단히 이기적인 존재이다.

세상에서는 이러한 욕망을 "사랑"이라고 부른다. 그러나 나는 지옥에서는 이것을 굶주림으로 인식한다고 생각한다. 그곳의 굶주림은 이 세상 것보다 더 심하며, 보다 완전한 만족이 가능하다. 그곳에서는 강한 영이 약한 영을 빨아들이며, 영원토록 능욕을 당한 약자의 개성을 먹고 살 수 있을 것이다.

나는 이런 까닭에 마귀들은 서로의 영혼과 인간의 영혼을 원한다고 생각한다. 이런 까닭에 사단은 모든 자기의 추종자들과 모든 이브의 자손들과 모든 천군들을 원하는 것이다. 그는 모든 것들이 자기의 내면에 있게 되며 모든 존재들이 그로 말미암아 "나"라고 말하게 되는 날을 꿈꾼다. 나는 이것이 거만한 유혹자의 희문(戲文)이라고 생각한다. 즉 그것은 하나님께서 앞잡이들을 종으로 변화시키시며, 종들을 자녀들로 변화시키셔서 그들이 마침내 완전한 개성의 최고봉에서 제공된 사랑의 완전한 자유 안에서 하나님과 다시 결합하게 하시는 측량할 수 없는 하나님의 은혜를 모방하여 노래한 것으로서 그가 이해할 수 있는 유일한 것이다.

그러나 그림(Grimm)의 이야기에서와 같이 이것은 신화와 상징에 불과하다. 나는 마귀들에 대한 견해를 묻는 질문에 적절한 대답을 할 수 있으나, 그런 대답은 『마귀의 지령』의 독자들에게는 그다지 중요한 것이 아니다. 그러한 견해를 가지고 있는 사람들에게는 내가 묘사한 마귀들이 구체적이고 실질적인 상징이 될 것이요; 그렇지 않은 사람들에게는 추상적인 것들을 인격화한 것이요, 따라서 이 책은 하나의 풍유가 될 것이다. 그러나 당신이 이 책을 어떤 태도를 읽든지 큰 차이는 없다. 왜냐하면 이 책의 목적은 마귀의 생활을 고찰하려는 것이 아니라 인간들의 생활을 새로운 시각에서 조명하려는 것이기 때문이다.

나는 내가 이러한 시도를 한 최초의 인물이 아니며, 어떤 17세기 사람도 마귀가 보내는 편지를 썼다는 말을 들었다. 나는 그 책을 읽어 보지는 못했지만, 그것이 대체로 정치적인 경향을 지녔을 것이라고 생각한다.

또 나는 내가 스테픈 맥켄나(Stephen McKenna)의 『어느 선한 여인의 고백(The Confession of a Well-Meaning Woman)』의 영향을 받았다는 것을 기꺼이 인정한다. 그 책과 이 책의 관계는 분명히 나타나지는 않지만, 독자들은 그 책에서도 동일한 도덕적 전위(轉位)—흰옷을 입은 흑인들과 검은 옷을 입은 백인들을 발견할 것이며, 또 전혀 해학이 없는 주인공의 대사에서 나오는 해학을 발견할 것이다. 나는 영적 식인(食人) 풍습에 대한 나의 사상이 데이비드 린드세이(David Lindsay)의 저서 『대각성(大角星)으로의 항해』에 등장하는 무시무시한 장면의 영향을 받았다고 생각한다.

사람들은 내가 묘사한 마귀들의 이름에 많은 호기심을 가졌고, 또 여러 가지 설명들을 해왔으나, 그것들은 모두 잘못된 것들이다. 나는 단지 그 이름들이 추잡한 느낌을 주게 만들려는 목적을 가지고 있었다(이 점에 있어서도 나는 린드세이의 영향을 받았다고 생각한다).

나는 주인공의 이름을 고안해낸 후에, 그것이 일으키는 불쾌한 음운론적 연상 효과를 생각했다. 스크류테입이 아니라 스크루지(Scrooge), 스크류(screw: 손가락을 주리 트는 고문틀), 덤스크류(thumbscrew: 엄지 손가락을 죄는 고문

기구), 테입웜(tapeworm; 촌충), 레드 테입(red tape: 관료적 형식주의) 등도 이 책의 주인공의 이름으로 동일한 효과를 나타낼 수 있을 것이며, 슬럽(slob: 얼간이), 슬러버(slubber: 털실을 꼬는 틀), 겁(gob: 덩어리) 등은 슬럽겁(slubgob)과 동일한 효과를 발휘할 것이라고 생각한다.

 어떤 사람들은 내가 여러 해 동안 도덕적이고 금욕적인 신학을 연구한 결과 이러한 글을 쓰게 되었다고 여겨 칭찬을 하지만 그것은 옳지 않은 생각이다. 그들은 시험이 역사하는 방법을 배우는 데 있어서 비록 그만큼 신뢰할 수는 없지만 그와 마찬가지로 신빙성이 있는 방법이 있다는 것을 망각한 사람들이다. 다른 사람의 마음을 볼 필요도 없이, 내 마음을 보면 불경한 사람들의 사악함을 알 수 있다.

 처음 마귀의 지령을 발표한 후 여러 해 동안 나는 그 지령들을 계속하여 집필하라는 권면과 요청을 받았으나 전혀 마음이 내키지 않았다. 그 지령들만큼 쉽게 썼으면서도 즐겁지 못했던 것도 없었다. 물론 그 지령들을 쉽게 쓸 수 있었던 것은 악마의 지령이라는 것은 일단 구상하기만 하면 스위프트의 『걸리버 여행기』나 얼폰(Erewhon)의 윤리적・의학적 철학이나 앤스티(Anstey)의 『Garuda Stone』처럼 자동적으로 진척되기 때문이다.

 그러나 사람의 정신을 왜곡시켜 악한 태도를 갖게 하는 것은 쉬운 일이지만, 재미있는 일이 아니요, 오래 지속되지도 못한다. 긴장은 일종의 영적 경련을 일으킨다. 내가 스크류테입이라는 등장인물을 통해서 말하는 동안 생각해야 했던 것들은 온통 먼지요 자갈이요 갈증이요 고통 뿐이었다. 아름다움, 신선함, 다정함 등에 대한 생각은 완전히 배제되었다. 그것은 나를 질식시키는 것 같았다. 만일 내가 그 일을 계속했다면 아마 독자들도 질식했을 것이다.

게다가 나는 내가 다른 사람이 쓸 수 없는 특이한 책을 쓰지 못한 것에 대해 일종의 불평을 가지고 있었다. 그 책이 이상적인 책이 되려면 스크류테입이 "웜우드(Wormwood)"에게 준 충고와 천사장이 환자의 수호영에게 준 충고가 균형을 이루어야 한다. 이것이 없으면 인간 생활에 대한 묘사가 균형을 이루지 못한다. 그러나 과연 누가 이러한 결함을 보충할 수 있을 것인가? 나보다 훨씬 훌륭한 사람이 있어 이 일에 필요한 영적 고도를 측량한다 해도, 과연 그가 "책임 있는 문체"를 사용할 수 있겠는가?

실제로 문체는 내용의 일 부분이 되어야 한다. 단순한 조언은 전혀 유익을 주지 못한다. 문장 전체가 하늘나라의 향기를 뿜어야 한다. 그러나 오늘날 당신이 트라헌(Traherne)과 같은 글을 쓸 수 있다고 해도 당신에게는 그런 글을 쓰는 것이 허락되지 않을 것이다. 왜냐하면 "기능주의(실용제일주의)"라는 규범이 문학의 기능을 절반쯤 마비시켰기 때문이다. (본질적으로 이상적인 문체는 우리가 말하는 방법 뿐만 아니라 우리가 말하는 내용까지도 규제한다).

세월이 흐르고 『마귀의 지령』을 저술할 때에 느꼈던 질식할 것 같았던 기억이 희미해져감에 따라, 나는 『마귀의 지령』에서 다루었더라면 좋았을 것이라고 생각되는 것들에 대해 생각하게 되었다.

그러나 나는 다시는 그런 글을 쓰지 않기로 결심했다. 일종의 강의나 연설과 흡사한 생각이 내 마음 속을 배회하면서 때로는 잊혀지고 때로는 생각이 났지만, 나는 결코 그것을 글로 쓰지 않고 있었다. 그런데 「Saturday Evening Post」에서 내게 해온 요청은 방아쇠를 당기는 역활을 하였다.

1960년 5월 18일
캠브리지
모들린 학료(學寮)에서
C. S. 루이스

목 차

머리말/3
서 문/17

1 논증을 사용하면 인간의 이성을 일깨우는 잘못을 범하게 된다/21
2. 겉을 보고 사람들을 평가하게 만들라/25
3. 가정 내에 불화를 일으키라/30
4. 피상적으로 기도하게 만들라/34
5. 전쟁은 인간에게 자신을 돌이켜볼 기회를 제공한다/39
6. 인간으로 하여금 하나님께 관심을 두지 않고 자신에게 관심을 갖게 만들라/43
7. 모든 일에 있어서 극단적인 태도를 권장하라/47
8. 하나님은 사랑하는 자로 하여금 영적 건조기를 겪게 하신다/50
9. 영적 건조기에 있는 인간을 유혹하라/57
10. 세속적인 친구들을 사귀게 만들라/62
11. 경박한 태도를 배양하라/66
12. 작은 죄를 중시하라/70
13. 실천이 없는 신앙으로 유도하라/75
14. 스스로 겸손하다고 생각하게 만들라/80
15. 현재보다 미래를 중요시하게 만들라/85
16. 편안하고 쉬운 예배를 원하며 이 교회 저교회를 섭렵하게 만들라/90
17. 탐식과 미식은 신자들을 유혹하는 훌륭한 수단이다/95

18. 결혼의 유일한 조건은 사랑이라고 생각하게 만들라/100
19. 연애라는 감정을 유익하게 사용하라/105
20. 그릇된 배우자를 선택하도록 유도하라/110
21. "내 것"이라는 소유의식을 강화하라/115
22. 경건한 신자의 집의 출입을 금하라/120
23. 역사적 예수관을 퍼뜨리라/124
24. 자신의 신앙이 훌륭하다고 생각하는 영적 교만을 주입하라/129
25. 항상 변화와 새로움을 갈망하게 만들라/134
26. 위선적인 이타심을 권장하라/139
27. 순수한 청원 기도를 하지 못하게 하라/144
28. 죽음은 다른 생으로 들어가는 문이다/149
29. 비겁한 마음을 품게 만들라/154
30. 피로를 이용하여 악을 야기하라/159
31. 신자가 임종할 때에 거룩한 영들이 안내한다/164

스크류테입의 축배/165

서 문

나는 내가 대중에게 제공하는 이 편지들을 어떻게 입수했는지는 설명하지 않겠다.

마귀들과 관련하여 인류가 범할 수 있는 두 개의 오류가 있다. 하나는 그것들의 존재를 믿지 않는 것이요, 또 하나는 그것들의 존재를 믿고 그것들에게 건전치 못하고 지나친 관심을 갖는 것이다. 마귀들은 이 두 가지 오류를 모두 기뻐하며, 유물론자와 마술사를 동일하게 환영한다.

이 책에 기록된 것과 같은 종류의 처방전은 과거에 그러한 기술을 배운 경험이 있는 사람이라면 쉽게 얻을 수 있는 것이다. 그러나 근성이 나쁘거나 성질이 급히여 그것을 악용할 가능성이 있는 사람은 나에게서 그것을 배우지 못할 것이다.

독자들은 마귀가 거짓말장이라는 사실을 기억해야 한다. 스크류테입이 말하는 것들은 스크류테입 자신의 시각에서 볼 때에도 모두가 진리는 아니다. 나는 이 편지에서 언급하는 사람들이 누구인지 밝히지 않겠다. 그러나 예컨대 스파이크(Spike) 수사나 환자의 어머니에 대한 묘사는 전적으로 정당할 수는 없다고 생각한다. 세상에는 물론이요 지옥에도 희망적인 생각이 존재한다.

  마지막으로 나는 이 지령들의 연대를 분명히 밝히려는 노력을 하지 않았음을 밝혀둔다. "지령 17"은 배급제도가 심각해지기 전에 기록되었던 것 같다. 그러나 일반적으로 마귀가 연대를 기록하는 방법은 지상에서의 시간과 전혀 관계가 없는 듯이 보이며, 나는 그것을 재생하려는 시도를 하지 않았다. 유럽 전쟁의 역사는 간혹 몇 사람의 영적 상태에 영향을 주었을뿐, 스크류테입에게는 전혀 관심이 없는 것이다.

1941년 7월 5일
모들린 학료에서
C. S. 루이스

"마귀가 성경 말씀에 굴복하지 않을 때,
마귀를 몰아 내는 가장 좋은 방법은
그를 조롱하고 비웃는 것이다.
마귀는 조롱 당하는 것을 견디지 못한다."
(루터)

"마귀는 교만한 영이기 때문에
조롱 받는 것을 견디지 못한다."
(토마스 모어)

1.
논증을 사용하면 인간의 이성을 일깨우는 잘못을 범하게 된다

사랑하는 웜우드에게,
　나는 네가 네 환자의 독서를 지도하고 있으며, 그로 하여금 많은 유물주의적 경향의 친구들을 만나게 하고 있다는 말에 관심을 갖고 있다.
　그런데 너는 약간 고지식한 생각을 하고 있는 듯하다. 너는 마치 그가 우리의 원수의 지배를 받지 않게 막는 방법이 논증이라고 생각하는 것 같다. 몇 백년 전이라면 그럴 수도 있을 것이다. 그 당시 인간들은 사물이 언제 증명이 되며 언제 증명이 되지 않는지 잘 알고 있었고, 증명이 될 때에는 그것을 믿었다. 그들은 생각과 행동을 연결시켰으며, 일련의 논증의 결과에 따라 자신의 생활 방법을 바꿀 각오가 되어 있었다. 그러나 주간지나 그와 유사한 무기가 등장하면서 사태는 크게 변화되었다.
　네 환자는 어린 시절부터 자신의 머리 속에 잡다하고 많은 철학들을 소유하는데 익숙해져 있다. 그는 교리들이 진실인가 거짓인가를 생각하는 것이 아니라 학문적인가 실용적인가, 시대에 뒤떨어진 것인가 현대적인 것인가, 관습적인 것인가 잔인한 것인가를 생각한다.

너를 도와 그를 교회로부터 떼어 놓을 수 있는 가장 훌륭한 협력자는 논증이 아니라 뜻을 알 수 없는 허튼 소리이다. 그로 하여금 유물론을 진실이라고 생각하게 만들려고 시간을 낭비하지 말아라! 유물론은 강력한 것, 완전한 것, 용감한 것, 또는 미래의 철학이라고 생각하게 만들어라. 그것이야말로 그가 관심을 갖는 것이다.

논증은 모든 투쟁을 우리의 원수인 하나님에게 유리한 방향으로 몰고가는 병폐를 가지고 있다. 원수도 논증을 할 수 있다. 내가 제시하는 것처럼 실질적인 선전에 있어서 그는 수 백년 동안 지하에 계신 우리 아버지보다 크게 열등하다는 것을 나타내왔다.

너는 자칫하면 논증이라는 행위에 의해서 환자의 이성을 깨우게 된다. 그것이 깨어날 때 야기될 결과를 과연 누가 예견할 수 있겠느냐? 비록 일련의 특별한 생각들이 비틀려 우리에게 유익하게 종결된다 해도 너는 환자가 보편적인 문제에 주의를 기울이며 직접적인 감각의 체험이라는 흐름에서 물러서는 치명적인 습관을 강화해왔다는 것을 발견하게 될 것이다. 네가 해야 할 일은 그의 관심을 감각적인 흐름에 묶어 두는 것이다. 그로 하여금 그것을 "진정한 삶"이라고 부르게 만들어라. 그러나 "진정한"이라는 것이 무엇을 의미하는지 묻지 못하게 해라.

그가 너와는 달리 깨끗한 영이라는 것을 기억해라. 너는 인간이 아니기 때문에(이 점에 있어서 원수는 참으로 유리한 위치에 있다!) 그들이 예배 의식의 압력에 얼마나 예속되어 있는지 깨닫지 못한다.

언젠가 내 환자 중에 철저한 무신론자가 있었는데, 그는 항상 대영 박물관에서 독서를 하곤 했다. 어느 날 그가 독서를 하고 있을 때, 나는 그의 정신 속에서 일련의 생각들이 잘못된 길로 흐르고 있는 것을 발견했다. 물론 그 순간 그의 곁에는 원수가 있었다. 내가 20년 동안 공들여온 사역이 흔들거리는 순간이었다.

만일 그 때 내가 이성을 잃고 논증을 사용하여 방어하려 했다면 아마 실패했을 것이다. 그러나 나는 그렇게 행할 만큼 어리석지 않았다. 나는 즉시 그 사람에게서 내가 가장 잘 통제할 수 있는 부분을 취하 그에게 지금은 점심을 먹어야 할 시간이라고 암시했다. 아마 원수는 그와 반대되는 제안을 하여 이것이 점심을 먹는 것보다 더 중요한 일이라고 제안했을 것이다(너는 인간들은 원수의 말을 그냥 지나쳐 버리지 못한다는 것을 알고 있을 것이다). 최소한 나는 그것이 원수의 방침이었다고 생각한다. 내가 "물론 그것은 점심 시간에 다루기에는 너무 중요한 일이야"라고 말했을 때 내 환자는 기분이 매우 좋아졌고, 내가 "점심을 먹은 후에 맑은 정신으로 그 문제를 다루는 것이 훨씬 좋을 것이다"라고 말했을 때, 그는 벌써 도서관 밖으로 나가고 있었다.

그가 거리로 나섰다는 것은 내가 이미 싸움에서 승리한 것을 의미한다. 나는 그에게 신문배달 소년이 소리치면서 다니는 모습, 그리고 73번 버스가 지나가는 것을 보여 주었다. 그리고 그가 계단을 다 내려가기도 전에 나는 그에게 사람이 홀로 책과 씨름하고 있을 때 머리에 기이한 생각이

떠오르더라도 "진정한 삶"(그에게 있어서 이것은 버스와 신문배달 소년을 의미한다)이라는 건전한 약은 "그런 종류의 일"들은 모두 진실일 수 없다는 것을 보여 주기에 충분하다는 확신을 주입하였다. 그는 자신이 가까스로 위험을 벗어났다는 것을 깨달았다. 그는 후일 "단순한 논리학의 잘못된 행위를 대적하는 궁극적인 안전 장치, 즉 현실에 대한 모호한 감각"에 대해 즐겨 말했다. 그는 지금 우리 아버지의 집에 안전하게 거하고 있다.

내 말의 요점을 이해하겠느냐? 수백년 전에 우리가 인간에게 작용하게 만든 과정들 덕분에 그들은 눈 앞에 친숙한 것들이 있는한 친숙치 못한 것들의 존재를 믿지 못한다. 그러므로 그로 하여금 계속 일상적인 일들을 절실하게 느끼게 만들어라. 특히 기독교 신앙을 대적하기 위한 수단으로 학문을 사용하지 말아라. 그렇게 하는 것은 그로 하여금 자신이 접촉하거나 볼 수 없는 현실에 대해 생각하게 만드는 적극적인 자극이 될 것이다. 현대의 유물론자들 중에는 안타까운 사람들이 있다. 어쩔 수 없이 그가 학문에 손을 대야 한다면, 경제학이나 사회학을 다루게 해라. 그러나 어쨌든 그로 하여금 귀중한 "실제의 삶"을 떠나게 하지 말아라.

가장 좋은 방법은 학문 서적을 읽지 못하게 하는 것, 그리고 자신은 모든 것을 알고 있으며 대화를 하거나 독서를 하는 중에 우연히 주워 듣는 것들은 "현대의 연구의 결과"라는 생각을 그에게 주입하는 것이다. 그가 그곳에서 취하여 정신을 잃게 해야 한다는 것을 기억하거라.

너의 다정한 삼촌
스크류테입으로부터

2.
겉을 보고 사람들을 평가하게 만들라

사랑하는 웜우드에게,
 나는 네 환자가 기독교인이 되었다는 소식을 듣고 심히 불쾌하게 여기고 있다. 네가 받아야할 벌을 피하겠다는 희망은 꿈에도 갖지 말아라. 너는 거의 그런 희망을 갖을 수 없을 것이다.

어쨌든 우리는 절망하지 말고 당분간 사태를 최대한도로 이용해야 한다. 인간들 중에는 장성한 후에 회심하여 잠시 원수의 진지를 여행했으나 다시 우리에게로 돌아왔으며 지금도 우리와 함께 있는 인간들이 무척 많다. 네 환자의 모든 습관들, 정신적인 습관이나 육체적인 습관은 아직 우리에게 유리한 편에 있나.

현재 우리의 커다란 협력자 중 하나는 교회이다. 내 말을 오해하지 말아라. 내가 말하는 교회는 시간과 공간을 초월하여 존재하며 영원에 뿌리를 두고 있으며 군기를 앞세운 무서운 군대와 같은 교회가 아니다. 고백컨대, 그것은 우리 중에서 가장 담대한 미혹자까지도 불안하게 만드는 광경이다. 그러나 다행히도 그 교회는 인간의 눈에는 보이지 않는다.

  네 환자가 보는 교회는 새로운 대지 위에 세운 반쯤 완성된 고딕식 건축물이다. 그가 그 안에 들어가면 시골 식료품 가게 주인이 반드르르한 표정을 짓고서 수다스럽게 다가와서는 그에게 반짝거리는 작은 의식서를 줄 것이다. 그러나 두 사람 모두 그 책을 이해하지 못한다. 그리고 또 많은 찬송이 수록되어 있는 낡은 책을 줄텐데, 그것은 활자가 무척 작은데다가 희미하다. 그는 자리에 앉아 주위를 둘러보면서 자기가 이제까지 피해온 이웃들이 그곳에 있는 것을 발견한다. 너는 이 이웃들을 크게 의지하려 할 것이다. 그의 마음 속에 "그리스도의 몸"이라는 표현과 교회 안에 앉아 있는 실제의 얼굴들이 오락가락 하게 만들어라.

  물론 교회 안에 어떤 사람들이 있는지는 그다지 중요하지 않다. 그들 중에는 원수의 편에 선 위대한 용사가 있을 수도 있다. 그러나 염려하지 말아라. 네 환자가 어리석은 바보라는 사실에 대해 지하에 계신 우리 아버지에게 감사하거라.

  이 이웃들 중에 누군가가 찬송을 부를 때 곡조가 틀리거나 구두 소리가 요란하게 난다거나 주걱턱을 가졌다거나 이상한 옷을 입었다면, 네 환자는 그의 신앙도 우스운 것이라고 믿게 된다.

  너도 알다시피, 그는 "기독교인"에 대해 스스로는 영적인 개념을 가지고 있다고 생각하지만, 그가 지니고 있는 개념은 실제로는 그림 같은 것이다. 그는 마음은 제복, 신발, 갑옷과 투구, 드러난 다리, 그리고 교회 안에 있는 사람들이 실제로는 현대적인 옷을 입었다는 사실 등으로 가득차 있으며 무의식 중이기는 하지만 그러한 사실들을 납득하기 어려워한다. 결코 그러한 생각들을 의식의 표면으로 떠오르게 하지 말며, 그가 그들에게서 어떤 모습을 보기를 기대하는지 묻지도 말아라. 지금은 그의 마음에 있는 모든 것을 아리송하게 만들어라. 그런 후에 그의 내면에서 지옥이 제공하는 특이한 분명함을 만들어냄으로서 너는 영원토록 즐거움을 누릴 수 있을 것이다.

너는 네 환자가 교인이 되고나서 최초의 몇 주일 동안 자신의 기대에 미치지 못하는데서 느끼는 실망을 잘 이용해야 한다. 원수는 모든 인간적인 노력의 시초에 이러한 실망이 발생하는 것을 허락한다. 그것은 유치원에서 오딧세이의 이야기를 듣고 황홀해하던 소년이 실제로 희랍어를 배울 때에 발생하며, 연인들이 결혼하여 실제로 함께 사는 법을 배우기 시작할 때에 발생한다. 삶의 모든 부분에는 꿈 속의 갈망으로부터 수고스러운 행동으로의 전위(傳位)라는 특성이 있다.

원수는 두 발 달린 동물들과 부자연스러운 연락을 함으로써 모든 영계를 타락시키는 완강한 사랑을 가지고 이 역겹고 하찮은 인간 망나니들을 자유로운 연인과 종, 그가 사용하는 단어를 빌리면 "자녀"로 만들려는 이상한 환상을 가지고 있다. 그는 그들의 자유를 원하기 때문에 순전히 그들의 감정과 습관에 의해서 자신이 그들 앞에 제시한 목표로 그들을 데려가려 하지 않으며, 그들 스스로 그 일을 하도록 내버려둔다.

바로 여기에 우리에게 유리한 기회가 있다. 그러나 그곳에는 위험도 있음을 기억해야 한다. 이 최초의 영적 건조기

(乾燥期)를 성공적으로 통과한 후에는, 그들은 감정을 그다지 의지하지 않게 되며, 따라서 그들을 유혹하기가 그만큼 어려워진다.

나는 지금까지 교회 안에 앉아 있는 사람들이 네 환자가 실망할 합리적인 근거를 전혀 제공하지 않는다는 가정 하에서 이 글을 써왔다. 물론, 만일 그들이 그러한 근거를 제공한다면, 즉 우스꽝스러운 모자를 쓴 여인이 도박을 한다거나 소리가 요란한 구두를 신은 남자가 구두쇠요 탐관오리라는 것을 환자가 알게 된다면, 너의 과업은 훨씬 더 쉬울 것이다.

그런 경우에 네가 해야할 일은 그의 마음에서 "현재와 같이 악한 상태에 있는 나를 기독교인이라고 생각할 수 있을진대, 뒷줄에 앉아 있는 사람들이 여러 가지 악을 지니고 있다고 해서 어찌 그들의 신앙이 위선이요 습관적인 것이라고 단언할 수 있겠는가?"라고 생각하지 못하게 막는 일 뿐이다.

웜우드야, 너는 아마 그처럼 분명한 생각을 하지 못하게 하는 것이 과연 가능한 일이냐고 물을지도 모르겠다. 그러나 그것은 가능하다. 네가 그를 제대로 다루기만 한다면, 그런 생각이 그의 두뇌에 들어가지 못할 것이다. 그는 우리의 원수와 그다지 오래 생활하지 않았기 때문에 진정한 겸손을 소유하지 못하고 있다. 그가 무릎을 꿇고 자신의 죄악에 대해 말하는 것은 모두 앵무새의 말과 같을 뿐이다. 본질적으로, 그는 자신의 회심이 원수에게 대단히 유익한 일이며, 또 자신이 이처럼 평범하고 밉살스러운 이웃들과 함께 교회에 가는 것만으로도 큰 겸손과 겸양을 나타내고 있다고 생각한다. 그러므로 가능한한 그를 이런 상태에 오랫동안 붙들어 두어라.

다정한 삼촌
스크류테입으로부터

3.
가정 내에 불화를 일으키라

사랑하는 웜우드에게,

네 환자와 그의 어머니의 관계에 대한 보고는 대단히 만족스러운 것이었다. 너는 계속 이 유리한 위치를 유지해야 한다. 원수는 중심에서부터 밖을 향하여 일하여 네 환자로 하여금 새로운 표준 밑에서 행동하게 만들 것이며, 언젠가는 그 노부인의 행동까지 변화시킬 것이다. 너는 원수보다 먼저 그의 행동을 장악하기를 원하고 있다. 그의 모친을 맡고 있는 우리의 동료 글루보스(Glubose)와 긴밀하게 접촉하고 협력하여 그의 집 안에 날마다 서로를 괴롭게 하며 성가시게 하는 습관을 확립해라. 다음에 제시한 방법들이 그렇게 하는데 유익할 것이다.

(1) 그로 하여금 내면 생활에 전념하게 하라. 그는 자신의 회심이 내적인 일이라고 생각하고 있으며, 따라서 당분간 그의 관심은 주로 자신의 마음 상태—또는 정화된 마음의 상태를 향할 것이다. 너는 그와 같은 행동을 허용하고 권장해라. 그로 하여금 가장 진보되고 신령한 의무에 관심을 갖게 함으로써 가장 근본적인 의무를 태만히 하게 만들어라.

분명한 의무들에 대한 공포와 태만이라는 지극히 유익한 인간의 특성을 심화시켜라. 그가 오랫동안 자기 성찰(自己省察)을 하면서도 가족들이나 동료들은 분명히 알고 있는 사실들을 그 자신은 발견하지 못하게 만들어야 한다.

(2) 우리는 그가 자기 어머니를 위해 기도하는 것을 막을 수는 없지만 그 기도들을 무해하게 만들 방편을 가지고 있다. 그로 하여금 지극히 신령한 기도를 하게 해라. 즉 그로 하여금 어머니가 앓고 있는 류마치스에는 관심을 갖지 않고 오로지 그녀의 영혼의 상태에만 관심을 갖게 만들어라.

그렇게 함으로써 너는 두 가지 유익을 얻게 된다. 첫째, 그는 어머니가 범한 죄라고 여기는 것들에게만 관심을 두게 될 것이며, 그렇게 되면 그는 자신에게 불편하거나 거슬리는 어머니의 행동을 마음에 두게 될 것이다. 그리하면 너는 그가 엎드려 기도하는 동안에도 그 날의 상처를 건드려 더 쓰라리게 할 수 있다. 이것은 결코 어려운 일이 아니며, 너는 그것이 대단히 즐겁다는 것을 발견하게 될 것이다.

둘째, 어머니의 영혼에 대한 그의 생각들은 대단히 유치하거나 잘못된 것이기 때문에 그는 실제의 어머니가 아닌 상상의 인물을 위해 기도하게 될 것이다. 네가 해야할 일은 날이 갈수록 그 상상의 인물이 실제의 어머니—아침 식사를 하면서 바른 말을 하는 노부인—를 닮지 않게 만드는 것이다.

조만간 너는 그 간격을 넓혀 그가 상상의 어머니를 위해 기도하면서 느끼거나 생각하는 것이 실제의 어머니를 대하는 그의 태도 속으로 흘러 들어가지 못하게 만들 수 있을 것이다. 나는 환자들을 잘 다루어 왔기 때문에 잠시 동안만 그들에게 관심을 기울이면 그들은 아내나 아들의 영혼을 위해 열심으로 드리던 기도를 멈추고 아무런 가책이 없이 아내나 아들을 때리거나 욕하게 된다.

(3) 일반적으로 두 사람이 여러 해 동안 함께 살다 보면 각기 상대방을 노하게 만드는 말투나 표정을 나타내는 경우가 생긴다. 너는 그 점을 활용해야 한다. 네 환자가 어렸을 때부터 싫어했던 것, 즉 눈쌀을 찌프리는 어머니의 표정을 환자에게 충분히 인식시키고, 자신이 그 표정을 얼마나 싫어하는지 기억하게 만들라. 그리고 그로 하여금 어머니는 그것이 얼마나 기분 나쁜 것인지 알고 있다고 생각하게 만들어라. 네가 쓸데 없는 짓만 하지 않는다면, 그는 그 생각이 지극히 부당하다는 사실에 주의를 기울이지 않을 것이다.

물론 자신에게도 어머니를 괴롭히는 어조와 표정이 있다는 생각은 절대로 하지 못하게 해야 한다. 그가 스스로를 보지 못하고 자기의 말을 듣지 못하는한 이 일은 쉽게 성사된다.

(4) 문명 사회에서는 보통 가정 내의 증오심은 그다지 공격적인 표현으로 표현되지는 않지만, 그러한 말을 하는 순간이나 그 음성 안에는 정면적인 공격이 함축되어 있다.

이 바보 같은 모자(母子)가 이러한 게임을 계속하게 만들게 하려면, 이들 두 사람이 각기 이중 표준을 소유하게 만들어야 한다. 네 환자가 자신의 말은 모두 액면 그대로 받아들여지고 판단되어져야 한다고 요구하면서도, 어머니가 하는 말은 어조와 전후관계에 따라 의심스러운 의도로 과민하게 해석하게 만들어야 한다. 그의 어머니도 그렇게 하게 만들어야 한다.

그렇게 되면 그들은 말다툼을 할 때마다 서로 자기는 무죄하다는 확신을 갖고 떠난다. 일 예를 들자면 네 환자는 "나는 어머니에게 언제 저녁을 먹느냐고 물었는데 어머니가 공연히 화를 낸다"고 생각하게 된다. 일단 이런 습관이 형성되면, 그는 남을 노하게 하려는 의도로 말하여 그 도전이 받아들여질 때 불평을 하게 될 것이다.

마지막으로 그 노부인의 신앙 상태에 대해 이야기해 보아라. 그녀는 아들의 생활 속에 있는 새로운 요소를 질투하고 있느냐? 아들이 그것을 다른 사람들에게서 배웠다는 것, 그리고 어린 시절 그에게 많은 기회를 주었음에도 불구하고 이처럼 늦게 배운 것으로 인해 화를 내고 있느냐? 그녀는 아들이 그 일에 대하여 공연히 소란을 피우고 있다고 생각하느냐, 아니면 그가 쉽게 적응하고 있다고 생각하느냐? 원수의 이야기에 등장하는 맏아들을 기억해라.

사랑하는 삼촌
스크류테입

4.
피상적으로 기도하게 만들라

사랑하는 웜우드에게,

지난 번 네가 편지에 쓴 서투른 제안을 듣고서 나는 기도라는 고통스러운 주제에 대해 너에게 설명해 주어야겠다고 생각했다. 너는 아마 어머니를 위해 드리는 그의 기도가 한심스러운 것이라는 나의 논평을 귀중하게 여겼을 것이다. 그러나 그것은 조카가 삼촌에게 쓸 성질의 내용이 아니며, 또 하급 미혹자가 상관에게 편지할 내용도 아니다. 그것은 또 책임을 전가하려는 기분 나쁜 희망을 드러내준다. 너는 자신이 범한 큰 실수의 대가를 치르는 법을 배워야 한다.

네가 할 수 있는 최선의 일은 네 환자가 기도에 깊은 관심을 기울이지 못하게 하는 것이다. 네 환자처럼 장성한 후에 회심하여 원수의 진영으로 간 경우에는, 그로 하여금 어린 시절에 앵무새처럼 드리던 기도의 본질을 기억하게 함으로써 이 일을 이룰 수 있다. 즉 그는 그러한 기도에 대한 반작용으로써 완전히 자발적이고, 내적이며, 비형식적이고, 질서 정연하게 조종된 것이 아닌 기도를 드리려는 마음을 갖게 될 것이다.

초신자에게 있어서 이것이 실제로 의미하는 것은 진정한 의지와 지성의 집중과는 전혀 상관이 없는 애매한 헌신의 분위기를 자기 안에 만들어내려는 노력이다.

시인 콜릿지(Coleridge)는 자신이 입술을 움직이거나 무릎을 꿇고 기도하지는 않았지만 자기의 영을 가다듬어 사랑하게 하였고 간구하는 감정에 몰입하였다고 말했다.

이것이 우리가 원하는 종류의 기도이다. 표면적으로 볼 때 이것은 원수를 섬기는 일에 있어 크게 진보한 사람들이 드리는 기도와 너무나 흡사하기 때문에 교활하고 게으른 환자들은 꽤 오랫 동안 그것으로 인해 기만을 당하게 된다.

우리는 최소한 그들이 기도하는데 있어서 육체적인 자세는 그다지 중요한 것이 아니라고 확신하게 만들 수 있다. 왜냐하면 그들은 자신이 동물이라는 사실, 그리고 자신의 육신이 행하는 것은 모조리 영혼에게 영향을 준다는 사실을 망각하기 때문이다. 너도 이것을 기억해 두어야만 한다. 우습게도 인간들은 우리가 자기들의 마음에 무엇을 집어 넣는다고 생각하는데, 실제로 우리의 가장 훌륭한 사역은 사물을 그들의 마음에서 분리시킴으로써 이루어진다.

이 일이 실패할 경우, 너는 더욱 교묘하게 그의 의도를 오도(誤導)하는 방법을 사용해야 한다. 인간이 원수의 말에 귀를 기울일 때마다 우리는 패배한다.

그러나 그들로 하여금 원수의 말에 귀를 기울이지 못하게 할 수 있는 방법이 있다. 가장 간단한 방법은 원수를 바라보는 그들의 시선을 그들 자신에게로 옮기게 만드는 것이다. 그들로 하여금 자신의 마음을 지켜 보며 그곳에서 자신의 의지의 행위에 의해 감정들을 만들어내려고 노력하게 만들어라. 그들이 원수에게 자비를 구하려 할 경우에는 그들 스스로 자비라는 감정을 만들려고 노력하게 만들고, 이러한 자신의 행동에 주의를 기울이지 못하게 해라. 그들이 용기를 구하는 기도를 드린다면, 그들로 하여금 자신이 실제로 용감하다고 느끼려고 노력하게 만들어라. 용서를 구하는 기도를 드릴 때에는 용서를 받았다고 느끼려고 노력하게 만들어라. 자신이 원하는 감정들을 만드는 일에 있어서의 성공 여부에 의해 기도의 가치를 평가하도록 가르쳐라. 그리고 그런 종류의 성공이나 실패는 그 당시 그들이 지니고 있는 건강 상태나 활력이나 피로에 크게 의지하고 있다는 것을 눈치채지 못하게 하거라.

물론 그 동안에 우리의 원수가 한가하게 놀고 있지는 않을 것이다. 기도가 있는 곳에는 항상 원수의 직접적인 행동이라는 위험이 존재한다. 그는 자기 자신이나 우리와 같은 순수한 영의 권위, 그리고 무릎을 꿇고 있는 인간에게는 전혀 무관심하다. 그는 전혀 부끄러움이 없는 방법으로 자신에 대한 지식을 부어준다.

환자를 오도하려는 너의 시도를 원수가 좌절시킬 경우, 우리에게는 더욱 교묘한 무기가 있다. 인간들은 우리가 피할 수 없는 것, 즉 원수에 대한 직접적인 인식에서부터 출발하지 않는다. 그들은 우리 원수의 무시 무시한 광채, 우리의 생활 속에서 영원한 고통의 배경이 되는 그 찌르는 듯한 시선을 전혀 알지 못하고 있다. 네 환자가 기도할 때에 그의 마음 속을 들여다 보아라. 너는 그것을 발견하지 못할 것이다.

만일 네 환자가 기도하면서 주의를 기울이는 대상을 조사해 본다면, 너는 그것이 많은 우스꽝스러운 요소들을 포함하고 있는 복합적인 대상이라는 것을 발견할 것이다. 그곳에는 성육신이라고 알려진 믿을 수 없는 사건 속에 나타난 원수의 모습에서 파생된 이미지들이 있을 것이다. 그곳에는 다른 두 개의 위격과 연합된 애매하고 지극히 야만적이고 미숙한 형상들이 있을 것이다. 그곳에는 심지어 그가 경배하는 대상에게 바쳐지고 구상화(具象化)된 그 자신의 경외심도 있을 것이다.

나는 환자가 자기의 "하나님"이라고 부르는 것이 침실의 천정이나 그의 두뇌 속이나 벽에 걸린 십자가에 있는 경우도 알고 있다. 그 복합적인 대상의 본질이 무엇이든지간에 너는 그로 하여금 자기를 지으신 분이 아니라 자신이 만들어낸 대상에게 기도하게 만들어라. 그를 격려하여 자기가 만들어낸 복합적인 대상의 교정이나 개선을 중요하게 여기게 만들며, 기도하는 동안 내내 그것을 상상하게 하는 것도 좋은 방법이다.

만일 그가 조금이라도 분별력을 갖게 된다면, 만일 그가 자각하여 "자신이 생각해낸 하나님이 아니라 하나님이 알고 있는 하나님"에게 기도한다면, 우리는 절망적인 상황에 처하게 된다.

일단 그의 생각과 심상(心象)들이 내던짐을 당하거나 혹은 그것들의 종속적인 본질에 대한 충분한 인식과 더불어 유지되며, 완전히 실재하며 표면적이며 눈에 보이지 않는 현존—그와 함께 방 안에 거하는 존재, 그 존재는 그를 알지만 그는 알지 못하는 존재—에게 자신을 의뢰한다면, 예측할 수 없는 일이 일어날 것이다. 이러한 상황—영혼이 적나라한 상태로 기도하는 것—을 피하는 일에 있어서, 너는 인간들이 생각하는 것만큼 그것을 원하지 않는다는 사실에서 도움을 받을 수 있을 것이다. 그들이 생각하지도 못했던 것들을 얻을 수도 있다.

너의 다정한 삼촌
스크류테입

5.
전쟁은 인간에게 자신을 돌이켜볼 기회를 제공한다

사랑하는 웜우드에게,

　나는 너에게서 작업에 대한 상세한 보고를 받기를 기대했었는데, 뜻도 알지 못할 광상문(狂想文)을 받으니 실망스럽다. 너는 유럽인들이 다시 전쟁을 일으킨 것이 무척 기쁘다고 말했다.

　나는 너에게 무슨 일이 일어났는지 잘 알고 있다. 너는 기뻐서 흥분한 것이 아니라 취해 있을 뿐이다. 환자가 잠 못 이루고 보낸 밤에 대한 너의 지극히 불안정한 보고를 읽으면서 나는 너의 정신 상태를 정확하게 알 수 있었다. 너는 난생 처음으로 자신의 수고에 대한 보상—인간 영혼의 번민과 당황—을 맛보고서 자만하고 있다. 그러나 너를 나무랄 수는 없다. 나는 너의 미숙한 어깨에 노련한 두뇌가 달려 있기를 기대하지 않는다.

　네가 미래에 대해 무섭게 묘사한 것에 대해 네 환자는 어떻게 반응했느냐? 너는 행복했던 과거에 대한 연민의 시선들을 삽입했느냐? 그의 욕망 속에 미묘한 전율이 있었느냐? 너는 솜씨를 잘 발휘하였다. 그것은 지극히 자연스러운 것이다.

웜우드야, 그러나 즐거움은 의무를 행한 뒤에 온다는 것을 기억해라. 만일 네가 지금 방종하여 전리품을 상실한다면, 지금 네가 맛보고 있는 것을 영원히 갈망하게 될 것이다. 반면에 만일 네가 지금 여기에서 꾸준하고 냉정하게 적응하여 그의 영혼을 확보한다면, 그는 영원히 네 것이 될 것이며, 너는 절망과 공포와 경악이 가득찬 잔을 마음껏 마실 수 있을 것이다. 그러므로 일시적인 흥분 때문에 네 환자의 믿음을 잠식하고 덕의 형성을 방해하는 네 본연의 일을 소홀히 하지 말아라.

다음 편지에서는 전쟁에 대한 환자의 반응에 대해 자세하게 보고해라. 그리하면 우리는 네가 그를 극단적인 애국자로 만들거나 열렬한 평화주의자로 만들므로써 더 많은 유익을 얻을 수 있을 것인지 심사숙고할 수 있을 것이다.

우리에게는 온갖 종류의 가능성들이 있다. 그러나 전쟁에 너무 큰 기대를 두지 말아라. 물론 전쟁은 환영할만한 일이다. 인간의 두려움과 고통은 수 많은 우리의 사역자들에게는 합법적이고도 즐거운 기분전환이 된다.

그러나 영혼들을 지하에 계신 우리 아버지께 데려가기 위해서 그것을 사용하지 않는다면, 그것이 우리에게 무슨 영속적인 유익을 주겠느냐? 나는 일시적으로 고난을 당하지만 결국 우리에게서 도망치는 인간들을 볼 때, 마치 풍성한 잔치에서 처음에 제공되는 음식만 맛보고 나머지는 먹지 못하게 되었을 때처럼 느낀다. 그럴 바에는 처음부터 아예 맛

보지 않는 편이 나을 것이다.

원수는 야만적인 전쟁 방법을 사용한다. 즉 자기의 사랑하는 자들이 당하는 일시적인 불행을 우리로 보게 하여 우리를 괴롭히고 감질나게 한다. 그는 현재와 같은 큰 싸움의 국면에서 그의 봉쇄로 인해 우리가 당하고 있는 계속적인 굶주림을 비웃는다.

그러므로 우리는 이 유럽 전쟁을 즐기는 방법보다는 이용하는 방법을 생각해야 한다. 이 전쟁에는 본질적으로 우리에게 유리한 경향들이 있다. 우리는 많은 분량의 잔인함과 음란을 바랄 수 있을 것이다. 그러나 조심하지 않으면 이 환란 속에서 수천 명의 인간들이 원수에게로 돌아가게 되며, 수만 명의 인간들은 자기 자신을 바라보던 시선을 돌려 자기보다 더 귀중하다고 여기는 가치 기준과 목적들을 바라보게 될 것이다.

나는 원수가 이러한 목적들 중 많은 것을 부정한다는 것을 알고 있다. 그것이 바로 그가 지극히 공정치 못한 점이다. 그는 종종 자신이 악하다고 생각하는 목적들을 추구한 인간의 생명들을 나포하는데, 그 근거는 기이하게도 인간들이 그러한 목적들을 선하다고 생각하며 스스로 최선의 것이라고 생각하는 것을 좇았다는 것이다.

전쟁 중에는 원치 않는 죽음이 발생한다는 것도 고려해라. 원수의 편에 있는 사람들은 자신이 죽임을 당할 수도 있다고 알고 있는 곳이라도 기꺼이 가서 죽임을 당한다. 만일 모든 인간이 훌륭한 요양원에서, 우리가 훈련한대로 죽어가는 자들에게 생명을 약속하며 병들었다는 구실로 방탕함에 빠져도 된다는 신념을 갖으라고 격려하며 심지어 병자가 자신의 올바른 상태를 알지 못하게 하기 위해서 거짓말하는 의사와 간호원과 친구들에게 에워싸여 죽는다면, 우리에게는 참으로 바람직한 일일 것이다.

그러나 전쟁 때문에 인간이 죽음에 대해 끊임없이 생각하게 되는 것은 우리로서는 참으로 불행한 사태이며, 우리의 최선의 무기 중 하나인 느긋해하는 세속성이 무익하게 된다. 전쟁 때에는 자신이 영원히 살 것이라고 믿는 사람은 한 사람도 없다.

나는 스캡트리(Scabtree)를 비롯한 여러 마귀들이 전쟁 동안에 믿음을 공격하기에 좋은 기회를 발견했다고 주장한다는 것을 알고 있다. 그러나 나는 그 견해는 과장된 것이라고 생각한다. 원수는 자기에게 속해 있는 인간 유격병들에게 대속을 받는데는 고난이 필수적이라는 말을 해왔다.

전쟁이나 전염병으로 말미암아 파괴되는 믿음이라면, 그것을 파괴하기 위해 수고할 필요조차 없다. 나는 지금 전쟁 때에 오랜 기간에 걸쳐 널리 퍼지는 고난에 대해 이야기하고 있다. 물론 공포, 사랑하는 사람을 잃는 아픔, 또는 육체적인 고통이 임하여 이성이 일시적으로 정지되는 순간 너는 네 환자를 불시에 공격할 수도 있을 것이다. 그러나 내가 발견한 바에 의하면 그럴 때에도 그가 원수의 사령부에 호소하기만 하면, 언제나 원수는 그의 주둔지를 방어해 준다.

사랑하는 너의 삼촌
스크류테입

6.
인간으로 하여금 하나님께 관심을 두지 않고 자신에게 관심을 갖게 만들라

사랑하는 웜우드에게,

확실한 것은 아니지만 네 환자가 군대에 입대할 시기가 되었다는 소식을 들으니 기쁘다. 그의 마음에 확실치 않은 미래에 대한 희망과 두려움에서 비롯된 상반되는 상상들이 가득차게 되기를 원한다. 인간의 마음이 원수를 향하지 못하게 만드는데 가장 효과적인 것은 근심과 걱정이다. 원수는 자신이 행하는 일에 인간이 관심을 갖기를 원한다. 그러므로 우리가 해야 할 일은 인간들로 하여금 자신에게 발생할 일에 대해 생각하게 만드는 것이다.

물론 네 환자에게는 원수의 뜻에 참고 복종해야 한다는 관념이 몸에 배어 있을 것이다. 원수가 의도하는 것은 그가 자기에게 주어진 환난—현재의 근심과 걱정—을 인내하며 받아들이는 것이다. 그는 환난을 당할 때에 "당신의 뜻이 이루어지이다"라고 말해야 하며, 날마다 이 짐을 지는 의무를 감당할 때 일용할 양식이 공급될 것이다.

그러므로 너는 네 환자가 현재의 두려움을 자신이 감당해야 할 십자가로 생각하지 않고 두려움의 대상으로 생각하게 만들어야 한다. 그로 하여금 그것들을 자기의 십자가로 간주하게 해라; 그러나 그것들은 모순된 것이므로 결코 자기에게 발생할 수 없다는 것을 잊게 하라. 그리고 그들로 하여금 미리 그것들 모두에 대해 인내와 강건함을 실천하려고 노력하게 만들어라. 한 순간에 여러 가지 상이하고 가정적(假定的)인 운명들에게 인종(忍從)한다는 것은 거의 불가능한 일이며, 그것을 달성하기 위해 노력하는 사람들을 원수는 크게 돕지는 않는다. 비록 두려움으로 이루어진 고난일지라도 현재의 실질적인 고난을 인종하는 것이 훨씬 쉬우며, 일반적으로 이러한 직접적인 행위의 도움을 받는다.

여기에 중요한 영적 법이 포함되어 있다. 나는 앞에서 네 환자가 원수에게 주의를 기울이지 않고 원수에 대한 자신의 정신 상태에 주의를 기울이게 만들므로써 그의 기도를 약하게 만들 수 있다고 설명했었다. 환자가 현재 자신의 소유하고 있는 바람직하지 못한 정신 상태를 고려하여 두려움의 대상이 아니라 두려움 자체에게 정신을 집중할 때, 그리고 두려움을 자기에게 맡겨진 십자가라고 여길 때, 그는 그것을 하나의 정신 상태로 생각할 것이다.

그러므로 우리는 다음과 같은 일반적인 규칙을 만들 수 있다. 환자의 정신이 우리의 목적에 유리하게 활동할 때에, 환자를 격려하여 담대하게 그 대상에 집중하게 하라. 그러나 원수에게 유리한 활동을 할 때에는 그의 정신으로 하여금 그 자체에게 집중하게 만들라. 모욕을 받거나 여인의 육신을 보고서 그의 관심이 표면으로 이끌려 그가 "나는 지금 분노(또는 정욕)라는 상태에 들어가고 있다"고 생각하지 못하게 하라. 그와는 반대로 "나의 감정들은 지금 더욱 헌신적이 되고 있다" 또는 "더욱 자비하게 되고 있다"고 생각하게 만들며, 그의 관심을 자신의 내면에 집중시킴으로써 그가 자신을 초월하여 하나님이나 이웃을 바라보지 못하게 하라.

전쟁에 대한 그의 일반적인 태도와 관련하여, 너는 기독교 간행물, 혹은 비기독교적 간행물에서 즐겨 논의하는 증오심이라는 감정들을 지나치게 의지해서는 안된다. 물론 독일 지도자들을 향한 보복적인 감정을 사용하여 환자를 격려하고 복수심을 일으키게 만들 수 있으며, 그것은 어느 정도까지는 유효하다. 그러나 보통 그것은 일종의 상상 속의 속죄양들을 대적하는 감상적이고 신화적인 증오심일뿐, 그는 결코 실제 생활 속에서 이런 사람들을 만난 적이 없다. 그것들은 그가 신문에서 입수한 것을 기초로 하여 만들어낸 풋나기 상징일 뿐이다.

이와 같은 환상적인 증오심에서 비롯된 결과들은 대체로 실망스럽다. 이 점에 있어서 인류 중에서 영국인들이 가장 한심하고 소심한 사람들이다. 그들은 자기들의 원수에게는 고문을 하는 것도 과분하다고 큰 소리를 치면서도 자기 집 뒷문에 나타난 부상 당한 독일군 조종사에게 차와 담배를 주는 사람이다.

네가 어떤 일을 하든지 네 환자의 영혼 안에는 약간의 악의와 자애로움이 있을 것이다. 중요한 것은 그로 하여금 날마다 만나는 가까운 이웃에게는 악의를 품고, 자애로움은 그가 알지 못하는 사람들, 먼 곳에 쏟게 만드는 것이다. 그리하면 악의는 현실적인 것이 되며, 자애로움은 상상의 것이 되고 만다. 그와 어머니, 그와 고용주, 또는 그와 기차 안에서 만난 사람 사이에 사랑이라는 습관이 자라고 있다면 독일인들에 대한 증오심이 불타고 있어도 우리에게는 전혀 소용이 없다.

네 환자를 일련의 동심원(同心圓)으로 생각해라. 그의 의지(意志)는 가장 내면에 있는 원이요, 지성(知性)은 그 다음에 있는 원이며, 환상(幻想)은 가장 외부에 있는 원이다. 너는 한 번에 이 모든 원들로부터 원수의 냄새가 나는 것들을 모두 제거할 수는 없다.

그러나 너는 모든 덕들을 계속 밀고 나아가 마침내 그것들이 환상의 원 안에 위치하며 모든 바람직한 자질들이 의지 안에 위치하게 해야 한다. 실제로 덕이 의지에 도달하여 그곳에서 습관 속에서 구체화될 때, 우리에게 치명적인 것이 된다. (물론 이것은 환자가 자기의 의지라고 오해하고 있는 것, 흥분적이고 발작적인 결단과 결심을 의미하는 것이 아니라 진실로 중심적인 것, 원수가 마음이라고 부르는 것을 의미하는 것이다.)

환상 속에서 채색되거나 지성에 의해 인정되거나 찬미되거나 사랑되어지는 모든 종류의 덕은 인간들을 우리 아버지의 집에서 떼어내지 못할 것이다. 그가 우리 아버지의 집에 도착할 때 그것들이 그를 한층 더 흥겹게 만들 수도 있다.

너의 사랑하는 삼촌
스크류테입

7.
모든 일에 있어서 극단적인 태도를 권장하라

사랑하는 웜우드에게,
너는 환자에게 우리의 존재를 알지 못하게 하는 것이 중요한 일이냐고 물었다. 현재의 투쟁 상황에 관한 사령관께서 그 질문에 대답해 주셨다. 현재 우리가 취해야할 전략은 자신을 숨기는 것이다. 물론 항상 그렇지는 않다.

우리는 실제로 큰 딜레마에 봉착해 있다. 인간들이 우리의 존재를 믿지 않는다면, 우리는 모든 테러 행위에 따르는 기분 좋은 결과를 상실하며 마술사를 만들지 못한다. 반면에 그들이 우리의 존재를 믿는다면, 우리는 그들을 유물론지나 회의주의자로 만들 수 없다. 어쨌든 현재로서는 우리의 존재를 숨겨야 한다.

나는 장차 때가 되면 우리가 그들의 학문을 감정적이고 신화적으로 만드는 방법을 알게 될 것이라는 큰 희망을 가지고 있다. 그렇게 되면, 인간이 정신적으로 원수의 존재는 믿지 못하지만 우리의 존재는 믿게 될 것이다. 여기에서 "창조적 생명력," 성(性)의 숭배, 정신분석학의 여러 양상

들이 유익하다는 것이 증명될 것이다. 우리가 우리의 사역
—유물론자요 마술사인 인간이 "영"들의 존재를 부인하며,
"창조적 생명력"이라고 부르는 것을 숭배하게 만드는 것—
을 성취할 수 있다면, 싸움은 거의 끝에 이르게 되는 것이
다. 그러나 그 동안에도 우리는 명령에 순종해야 한다.

　나는 네 환자를 무지(無知) 속에 붙들어 두는 일이 그다
지 어렵지 않을 것이라고 생각한다. 일반적으로 현대인들은
"마귀"를 희극적인 상징이라고 생각한다는 사실이 너에게
도움이 될 것이다. 그의 마음에 네가 존재할지도 모른다는
의심이 일어나기 시작할 경우에는 그로 하여금 몸에 꼭 들
어붙는 빨간 옷을 입은 존재를 상상하게 만들고, 그런 존재
는 믿을 수 없으므로 따라서 너의 존재를 믿을 수 없다고
설득해라. (이것은 인간들을 혼란하게 만드는 옛 교과서적
방법이다.)

　나는 네 환자를 극단적인 애국자나 극단적인 평화주의자
롤 만드는 일에 대해 생각해 보겠다고 한 약속을 잊지 않고
있다. 원수를 향한 극단적인 헌신을 제외하고는 모든 극단
적인 태도를 권장해야 한다. 물론 항상 그런 것은 아니지만
이 경우에는 그렇다. 때로 열의가 없고 자족하는 시대가 있
는데, 그런 시대에 우리가 할 일은 그들의 비위를 맞추어
더욱 빨리 잠들게 하는 것이다.

　그러나 오늘날처럼 불안정하고 쉽게 파당을 짓는 시대에
우리가 할 일은 그들에게 불을 붙이는 것이다. 다른 사람들
이 싫어하거나 무시하는 이익 때문에 연합한 작은 집단은
자체 내에 상호간의 칭찬을 위한 온실을 세우며 외계에 대
해 큰 자만심과 증오심을 나타내는데, 그것의 후원자는 "주

의(主義)"라는 것이다. 그것은 비인격적인 것이라고 생각되어지기 때문에 사람들은 그것을 부끄럽게 여긴다. 그 작은 집단이 본질적으로 원수의 목적을 위해 존재할 때에도 이것은 여전히 사실로 존재한다.

우리는 교회가 축소되기를 원한다. 그것은 원수를 아는 사람이 감소하는 것, 그리고 그들이 비밀 사회의 불안한 열심과 방어적인 독선, 혹은 파벌을 획득하게 하기 위해서이다. 물론 교회는 엄중하게 방어되고 있으며, 우리는 아직껏 교회에게 온갖 파벌의 특성들을 주는데 완전히 성공하지는 못하고 있다. 그러나 고린도 교회 안에 있었던 바울파와 아볼로파로부터 시작하여 영국 교회 안에 있는 고교회와 저교회에 이르기까지 교회 안에 있는 당파들은 종종 훌륭한 결과들을 만들어내곤 했다.

만일 네가 환자를 양심적 병역 거부자로 만든다면, 그는 자동적으로 그다지 알려져 있지 않으나 작고 시끄럽고 조직화된 사회의 일원이 될 것이며, 이것이 기독교를 처음 접하는 사람에게 미치는 결과는 분명히 훌륭할 것이다. 그러나 거의 분명하다는 것이지 완전하다는 것은 아니다.

이 전쟁이 시작되기 전에 그는 전쟁에 참전하는 일의 합법성에 대해 진지하게 의심을 해본 적이 있느냐? 그는 육체적으로 대단히 용감한 사람이므로 자신의 평화주의적 동기에 대해 반쯤 의식적인 불안을 느끼지 않겠느냐? 그는 정직함에 아주 근접하여 있을 때(인간은 결코 정직에 근접한 적이 없다), 자신이 온전히 원수에게 순종하려는 갈망의 자극을 받고 있다고 확신하느냐?

만일 그가 그러한 사람이라면 그가 주장하는 평화주의는

우리에게 그다지 유익을 주지 못할 것이며, 또 원수는 파당에 속하는데 따른 일상적인 결과들로 부터 그를 보호해줄 것이다.

그런 경우에, 네가 시도할 수 있는 최선의 일은 갑작스럽고 혼란스럽고 감정적인 위기를 도입해 보는 것이다. 그리하면 그는 아마 부자연스러운 애국주의자로 변할 것이다. 우리는 가끔 그런 일들을 시도해볼 수 있다. 만일 네 환자가 내가 생각하는 것과 같은 사람이라면 평화주의를 시험해 보아라.

그가 무엇을 채택하든지, 네가 해야할 주된 일은 동일하다. 우선 그로 하여금 애국심이나 평화주의를 자기의 신앙의 일부로 취급하게 만들어라. 그 다음에는 유격대 정신의 영향을 받아 그것을 가장 중요한 부분으로 간주하게 만들어라.

그 다음에는 그를 고요하고 점진적으로 양육하여 신앙이 "주의(主義)"의 일부가 되는 단계로 몰고 가라. 이 단계에서 기독교 신앙은 주로 영국이 전쟁에서 기울이는 노력이나 평화주의에 호의적인 논쟁을 이루어낸다는 이유 때문에 귀하게 여겨진다.

너는 일시적인 사건들을 순종의 자료로 삼는 태도를 막아야 한다. 세계를 목적으로 삼고 믿음을 수단으로 만들기만 하면 너는 환자를 정복한 것이나 다름 없다.

그가 어떤 세속적인 목표를 추구하느냐는 그다지 중요하지 않다. 그가 기도와 구제와 성례보다 집회, 팜플렛, 정책, 운동, 주의, 십자군 운동 등을 중요하게 여기게 되면 그는 우리의 것이 된 것이다. 그는 종교적이 될수록 그만큼 더 확실하게 우리의 것이 된다.

                                                    사랑하는 삼촌

                                                      스크류테입

8.
하나님은 사랑하는 자로 하여금 영적 건조기(乾燥期)를 겪게 하신다

사랑하는 웜우드에게,

너는 네 환자의 종교적인 면이 약화될 것이라는 희망을 가지고 있느냐? 나는 늙은 슬럽곱(Slubgob)이 학장이 된 후로 우리 세계의 교육대학이 엉망이 되었다고 생각했왔으며 지금도 그렇게 확신하고 있다. 너는 기복(起伏)의 법에 대해 배우지 못했느냐?

인간은 이중적 존재이다—그들은 반은 영(靈)이요 반은 동물이다. 이처럼 혐오스러운 잡종을 만들기로 한 원수의 결정 때문에 우리 아버지는 그를 지원하지 않겠다는 결정을 하게 되었던 것이다. 인간은 영이기 때문에 영원한 세계에 속해 있지만, 동시에 동물이기 때문에 유한한 시간 안에 거한다.

이것은 그들의 영이 영원한 대상을 향하는 동안에도 육체와 정욕과 생각은 끊임없이 변화할 수 있다는 의미이다. 유한한 시간 안에 거한다는 것은 변화한다는 것을 의미한다. 그러므로 그들은 기복(起伏)에 의해서 항구성(恒久性)에 가장 가까이 접근한다. 즉 후퇴했다가는 다시 원래의 차원으로 복귀하는 일의 반복, 정상과 계곡의 연속이다.

만일 네가 환자를 주의깊게 지켜 보았다면, 그의 생활의 모든 분야에서 이러한 기복을 발견했을 것이다. 자기 일에 대한 관심, 친구에 대한 사랑, 육체적인 욕망 등 모든 것은 상승할 때가 있고 하락할 때가 있다. 이 세상에 사는 동안 그의 정서적, 육체적인 풍성함과 활력이 빈곤과 무감각으로 변하는 기간이 있다.

그러므로 지금 네 환자가 겪고 있는 메마름과 답답함은 네가 생각하는 것처럼 너의 솜씨로 만들어낸 작품이 아니다. 그것들은 자연적인 현상에 불과하며, 네가 그것들을 선용하지 않는한 그것들은 우리에게 전혀 유익을 주지 못할 것이다.

그것을 이용하는 최상의 방법을 결정하려면, 너는 원수가 그것을 어떻게 이용하는지를 알아내어 그와 반대로 행해야 한다. 원수가 인간의 영혼을 영원히 자기의 것으로 만들려고 할 때에 정상보다는 골짜기를 의지한다는 것을 안다면 너는 놀랄 것이다. 그가 특별히 사랑하는 사람들 중에는 다른 사람들보다 더 오랫 동안 더 깊은 골짜기를 통과하는 사람들도 있다.

그 이유는 다음과 같다. 인간은 우리의 양식이며, 우리의 목표는 그의 의지를 우리의 의지 속으로 흡수하는 것, 그것을 희생함으로써 우리 자신의 이기적 영역을 증진시키는 것이다.

그러나 원수가 인간들에게 요구하는 순종은 전혀 다른 것이다. 인간을 향한 그의 사랑, 그리고 그를 섬기는 일이 완전한 자유라는 것에 대한 이야기가 단순한 선전이 아니라 절실한 진리라는 사실을 우리는 직시해야 한다. 그는 진정으로 우주를 자기의 복제품(複製品)들로 채우기를 원한다. 그가 인간들을 흡수하였기 때문이 아니라 인간의 의지가 자유로이 그의 의지에 일치하기 때문에 인간은 질적으로 그의 생명을 닮은 생명을 지닌 피조물이다.

궁극적으로 우리는 인간들을 양육하여 우리의 먹이로 만들기를 원한다. 그러나 원수는 궁극적으로 종이 자녀가 되는 것을 원한다. 우리는 우리에게로 빨아 들이기를 원하지만, 그는 베풀어 주기를 원한다. 우리는 공허하여 채워지기를 원하지만, 그는 충만하여 넘쳐 흐른다.

우리의 싸움의 목표는 지하에 계신 우리 아버지께서 다른 모든 것들을 흡수하여 자기의 것으로 삼는 세계이다. 그러나 원수는 자기와 연합했으면서도 여전히 독립된 존재들로 가득찬 세상을 원한다. 그곳이 바로 골짜기가 임하는 곳이다.

전에 너는 원수가 자기의 능력을 더욱 많이 사용하여 인간의 영혼에게 감각적으로 임재하지 않는 이유를 알고 싶어했지만 지금 너는 무저항과 무논박은 그의 계획의 본질상 그가 사용할 수 없는 무기라는 것을 알고 있다. 인간의 의지를 무시하는 것은 그에게 무익할 것이다. 그는 인간의 의지를 강탈하지 못하며 다만 설득하며 조를 수 있을 뿐이다. 그의 비천한 사상은 피조물들이 그와 하나가 되면서도 동시에 개성을 지니는 것이므로 그들을 소멸시키거나 동화시키는 것은 효력이 없다.

그는 처음에는 어느 정도 인간의 의지를 강탈하려고 한

다. 그는 비록 희미한 것이지만 인간의 입장에서 보면 크게 느껴지는 자신의 임재를 감정적인 달콤함과 쉬운 시험의 정복과 더불어 전달함으로써 시작할 것이다. 그러나 그는 이러한 상태가 오래 지속되는 것을 허락하지 않는다. 곧 그는 그들이 의식하는 경험으로부터 그러한 모든 지원과 유인들을 제거한다. 그는 피조물이 자기의 두 발로 서서 자신의 의지만으로 맛을 완전히 상실한 의무들을 수행하도록 버려 둔다.

인간은 절정기가 아니라 이와 같은 영적 건조기에 원수가 원하는 피조물로 성장한다. 이런 까닭에 건조기에 드리는 기도는 원수가 가장 기뻐하는 기도이다. 우리는 계속적인 유혹에 의해서 환자들을 끌고 갈 수 있다. 우리는 단지 인간을 먹이로 삼으려는 목적만 가지고 있으며, 그들의 의지가 차단될수록 우리에게는 더 유리하다.

우리는 피조물을 유혹하여 악으로 인도하지만, 원수는 그들을 유혹하여 덕으로 인도하지 못한다. 그들이 걸음마를 배우게 하기 위해서 그는 그들을 붙들고 있던 손을 놓아야 한다. 비록 비틀거리더라도 그들에게 걸으려는 의지가 존재하기만 한다면 그는 기뻐한다.

웜우드야, 속지 말아라. 인간이 원수의 뜻을 원하지 않으면서도 여전히 그의 뜻대로 행하려 하며, 원수의 흔적이 완전히 사라진 것처럼 보이는 우주를 둘러보면서 자신이 버림받은 이유를 물으면서도 여전히 원수에게 복종할 때야말로 우리에게는 가장 위험한 때이다.

그러나 물론 영적 건조기는 우리에게도 기회를 제공한다. 다음 주에는 그것을 유리하게 사용하는 방법에 대해 몇 가

56 마귀의 지령

지 힌트를 주겠다.

너를 사랑하는 삼촌
스크류테입

9.
영적 건조기에 있는 인간을 유혹하라

사랑하는 웜우드에게,
네가 지난 번에 보낸 내 편지를 받고 네 환자가 지금 겪고 있는 침체 상태, 혹은 건조기가 그의 영혼을 너에게 제공하지는 않으며, 그것을 적절히 이용해야 한다는 확신을 갖게 되었기를 바란다. 이제 그것을 어떻게 이용해야 하는지 설명하겠다.

첫째, 나는 인간이 겪는 기복 중에서 골짜기(영적 건조기)에 해당하는 기간은 육욕적인 시험, 특히 성적인 유혹을 할 수 있는 훌륭한 기회를 제공한다는 것을 발견했다. 아마 너는 이 말을 의아하게 생각할른지도 모르겠다. 왜냐하면 건조기보다는 절정기에 육체적 에너지가 더 많으며, 따라서 잠재적 욕망들도 더 많기 때문이다.

그러나 절정기에는 저항하는 능력도 역시 절정에 이른다는 것을 기억해야 한다. 네가 정욕을 만들어기 위해 이용하려 하는 건강과 정신은 일, 놀이, 생각, 혹은 무해한 즐거움을 위해서도 쉽게 이용될 수 있다. 그러므로 인간의 내면 세계 전체가 단조롭고 냉냉하고 공허할 때에 공격하는 편이 훨씬 더 성공할 가능성이 많다.

그리고 건조기에 있을 때의 성욕은 절정기에 있을 때의 성욕과 질적으로 다르다는 점에도 유의해야 한다. 즉 건조기에 느끼는 성욕은 인간의 표현대로 하자면 "연애"라는 감상적인 현상보다는 성도착(性倒錯)으로 이어지기 쉬우며, 인간의 정욕을 하잘 것 없는 것으로 만드는 일반적이고 상상적이며 영적인 오염 물질들에 의해 오염될 가능성이 적다.

다른 육체적 욕망들에 대해서도 마찬가지이다. 네 환자가 행복하고 성공하고 있을 때에 그로 하여금 친구들과 즐거움을 누리가 위한 수단으로 술을 사용하게 만들기보다는 그가 낙심하고 지쳐 있을 때에 진통제로서 술을 마시게 하는 편이 그를 완전한 주정뱅이로 만드는데 효과적이다.

우리가 건전하고 정상적이고 만족스러운 형태의 쾌락을 다룰 때에 우리는 어떤 의미에서 원수의 땅에 있다는 것을 잊어서는 안된다. 우리는 쾌락을 통하여 수 많은 영혼들을 낚았다. 그러나 그것은 우리 원수의 의도이지 우리의 의도가 아니다.

쾌락은 모두 원수가 만든 것이다. 우리는 지금까지 계속 연구해왔지만 하나의 쾌락도 만들어내지 못했다. 우리가 할 수 있는 일이란 고작해야 인간으로 하여금 원수가 만들어낸 쾌락들을 원수가 금지한 때에, 그가 금지한 방법으로, 그가 금지한 분량을 취하게 만들 뿐이다. 이런 까닭에 우리는 쾌락을 본래의 상태로부터 벗어나 지극히 부자연스럽고, 그것의 조성자이신 하나님께 전혀 향기롭지 못하며 지극히 불쾌한 것으로 만들기 위해 계속 일하고 있다. 영원히 감소되는 쾌락에 대한 갈망을 영원히 증가하게 만드는 것이 우리의 공식이다. 그것은 확실하고 훌륭한 것이다. 인간의 영혼을 취하고서 전혀 보상을 하지 않는 것은 진실로 우리 대왕이 기뻐하시는 일이며, 건조기야말로 그 과정을 시작하기에 가장 적당한 기간이다.

건조기를 우리의 목적에 이용하는 더 좋은 방법이 있다. 그것은 그 기간에 대한 환자 자신의 생각을 이용하는 것이다. 늘상 그렇듯이 첫 단계에서는 그의 마음에서 지식을 제거해야 한다. 그가 기복의 법이 있다는 것을 어렴풋이나마 느끼게 해서는 안된다. 그로 하여금 자신이 처음 회심할 때 느꼈던 열심을 마지막까지 기대할 수 있으며 영원히 지속되어야 한다고, 그리고 자신이 현재 겪고 있는 건조기가 영원히 지속될 것이라고 가정하게 만들어라.

이런 잘못된 관념이 그의 머리 속에 고정된다면, 너는 여러 가지 방법으로 일을 진행할 수 있을 것이다. 그것은 전적으로 네 환자가 유혹을 받아 쉽게 절망하는 사람인지, 아니면 만사가 잘 되어가고 있다고 확신하는 희망적 생각을 하는 사람인지에 달려 있다. 그런데 인간들 중에 전자와 같은 사람들이 점점 적어지고 있다.

만일 네 환자가 이런 타입이라면 모든 일이 쉬울 것이다. 단지 그를 노련한 기독교인의 길에 들어가지 못하게 하고, 그로 하여금 성경에 있는 적절한 말씀에 관심을 갖게 만들고, 그 다음에는 그가 필사적인 계획에 입각하여 순전히 자기의 의지에 의해 과거의 감정들을 회복하려고 노력하게 만들기만 하면 승리는 우리의 것이다.

그가 만사를 희망으로 생각하는 사람일 경우, 너는 우선 그로 하여금 현재 자기의 영이 처해 있는 저급한 분위기에 마지못해 순종한 후, 그것이 그다지 저급한 것은 아니라고 스스로 설득하며 점차 그것에 만족하게 만드는 것이다. 한두 주일이 지나면 그는 회심한 직후의 자신의 신앙 생활이 지나친 것이었다고 생각하게 될 것이다. 그에게 모든 일에 있어서 중용에 대해 말해 주어라. 만일 네가 그로 하여금 "종교는 어느 정도까지만 훌륭하다"라고 생각하게 만들 수만 있다면, 우리는 그의 영혼을 낚는 일에 대해 낙관할 수 있다. 조절되어진 신앙은 완전한 불신앙과 마찬가지로 우리에게 반가운 현상이다.

또 한 가지 방법은 그의 신앙을 직접 공격하는 것이다. 그로 하여금 이 건조기가 영원히 지속될 것이라고 생각하게 만들었으니, 그를 설득하여 자기의 종교적 양상이 모든 과거의 양상들과 마찬가지로 죽어가고 있다고 생각하게 만들 수도 있을 것이다.

물론 이성을 사용하여 "나는 이 일에 대한 흥미를 잃고 있다"는 전제에서 "이것은 거짓이다"는 결론을 이끌어낼 수는 없다. 그러므로 너는 이성이 아니라 뜻을 알 수 없는 허튼 소리를 사용해야 한다. "양상(phase)"이라는 단어를 사용하면 쉽사리 목적을 달성할 것이다. 그 사람은 이전에 여러 양상들을 통과했으며, 또 자신이 통과한 양상들에 대해 우월감을 느낄 것이다. 그러나 그것은 그가 진정으로 그 양상들을 비판했기 때문이 아니라 단지 그것들이 과거의 일이기 때문이다.

너는 그에게 진화와 발달, 그리고 역사적 관점이라는 모호한 사상들을 계속 주입하고 있으며, 많은 현대인들의 전기를 읽게 했다. 그 전기에 등장하는 사람들은 모두 여러 양상들을 헤쳐 나간 사람들이 아니냐?

　이제 내 말을 이해할 수 있겠느냐? 그의 정신에서 진리와 거짓이라는 분명한 안티테제를 쫓아내라. "그것은 하나의 양상이었다" "나는 그 모든 것을 통과하였다" 등은 그의 정신을 흐리게 하기 위한 멋진 표현이다. "청춘"이라는 단어를 사용하는 것도 잊지 말아라.

사랑하는 삼촌
스크류테입

10.
세속적인 친구들을 사귀게 만들라

사랑하는 웜우드에게,

나는 트립트위즈(Triptweeze)에게서 네 환자가 대단히 바람직한 친구들을 사귀었으며, 또 네가 그 사실을 참으로 효과적으로 이용한 것 같다는 소식을 듣고 기뻤다. 네 환자의 사무실을 방문한 중년 부부가 바로 우리가 원했던 부류의 사람이라는 것—부유하고, 세련되고, 표면적으로 지적이며, 세상의 모든 일에 대해 회의적인 사람이라는 정보를 나는 입수했다. 그들이 도덕적인 근거에서 평화주의자가 아니라 아니라 대다수의 동료들에 관한 일을 축소시키며 현재 유행하고 있는 학문적인 공산주의에 흐르는 경향이 있는 애매한 평화주의자라는 정보도 입수하였다. 이것은 참으로 훌륭한 사실이다.

너는 그의 사회적, 성적(性的), 지적 허영심을 잘 이용한 것처럼 보인다. 그에 대해 더 자세히 말해 보아라. 그는 그 사람들에게 확실한 언질을 주었느냐? 내가 묻는 것은 그가 말로 공약을 했느냐는 뜻이 아니다. 인간은 자신이 이야기하는 상대방과 같은 부류라는 사실을 암시하는 표정, 어조, 웃음을 교묘하게 연출할 수 있다. 너는 이러한 태도를 특별히 권장해야 한다. 왜냐하면 그 자신은 그것을 충분히 인식하지 못하며, 그것을 인식할 무렵에는 이미 철회하기 어렵게 되기 때문이다.

그는 곧 자신의 신앙이 새 친구들의 대화의 기초가 되는 것들과 정반대가 된다는 것을 깨달을 것이다. 그러나 만일 네가 그를 설득하여 그 사실을 공개적으로 인정하는 일을 뒤로 미루게 만들 수만 있다면 그것은 그리 문제가 되지 않을 것이다. 수치심, 교만, 중용, 허영심 등의 도움을 받으면 쉽게 이 일을 할 수 있을 것이다.

공개적으로 인정하는 일을 뒤로 미루는한, 그는 거짓된 위치에 있게 된다. 그는 마땅히 말해야할 때에는 침묵을 지키며, 침묵을 지켜야할 때에는 소리 내어 웃을 것이다. 그는 처음에는 자신의 것이 아닌 냉소적이고 회의적인 것들을 태도로 나타내지만 이윽고 말로도 나타내게 된다. 만일 네가 그를 잘 이용한다면 그는 실제로 그러한 냉소적이고 회의적인 태도들을 자신의 것으로 삼게 될 수도 있다. 인간은 누구나 스스로 무엇인 체하다가는 실제로 그렇게 되는 경향이 있다. 이것이 중요한 사실이다.

진정 문제가 되는 것은 우리의 원수의 역습을 어떻게 대비하느냐이다. 첫째, 가능한한 그로 하여금 이 새로운 즐거움이 시험이라는 것을 깨닫지 못하게 만들어야 한다. 이천년 동안 원수의 종들은 "세상"이 커다란 표준 시험들 중 하나라고 전파하여 왔으므로 이 일을 행하는 것이 어려운 듯이 보일 수도 있다. 그러나 다행히도 그들은 지나간 수십

년 동안에는 그것에 대해 거의 말하지 않고 있다.

현대 기독교 서적들은 맘몬(Mammon)에 대한 경고는 많이 하지만 세속적인 허영, 친구의 선택, 시간의 가치 등에 대한 경고는 거의 하지 않고 있다. 아마 네 환자는 이처럼 세속적인 허영. 친구의 선택, 시간의 귀중함 등에 대해 경고하는 것을 청교도주의라고 주장할 것이다. 우리가 "청교도주의"라는 단어에게 부여한 가치는 과거 수백년 동안 얻은 확고한 승리 중 하나라고 평할 수 있다. 우리는 그 단어에 의해서 매년 수천 명을 절제있고 순결하고 근엄한 생활에서 이탈하게 만들고 있다.

어쨌든 조만간 그는 자기가 사귄 새 친구들의 참된 본질을 분명히 알게 될 것인데, 그 때 너는 환자의 지성을 의지하는 전략을 세워야 한다. 만일 그가 엄청난 바보라면 너는 그로 하여금 친구들이 있을 때에는 전혀 그들을 비판하지 않지만 그들이 없을 때에는 그들을 비판하게 만들 수 있다. 만일 이 일이 성공한다면, 그는 상당히 오랜 기간 이중적인 생활을 하게 될 것이다. 그는 자신이 만나는 사람들이 바뀔 때마다 상이한 태도를 취할 것이며 그러다가 실제로 그런 사람이 될 것이다.

이 일에 실패할 경우, 보다 교묘하고 흡족한 방법이 있다. 즉 너는 그로 하여금 자기 생활의 이중성을 인식하는데서 적극적인 즐거움을 취하게 만들 수 있다. 이것은 그의 허영심을 이용함으로써 이루어진다. 그로 하여금 자신이 토요일 저녁에 참석했던 품위 있고 냉소적인 세계를 식료품가게 주인은 이해할 수 없을 것이라고 생각하기 때문에 주일날 그 사람 곁에서 무릎을 꿇는 것을 즐기게 할 수 있다.

반대로 친구들이 이해하지 못하는 깊은 영적 세계가 자신의 내면에 있다고 생각하고서 이 훌륭한 친구들과 함께 커피를 마시면서 음란한 말과 신을 모독하는 말을 즐기게 만들 수도 있다.

너는 한편에서는 세속적인 친구들이 그와 접촉하고 다른 편에서는 식료품 가게 주인이 그와 접촉하고 있다는 것, 그리고 그가 그들 모두와 교제하는 완전하고 균형을 이룬 복합적인 사람이라는 것을 알고 있다. 그러므로 그는 최소한 두 부류의 사람에 대해 영원히 배반자가 되면서도 부끄러움을 느끼기는 커녕 계속 자기 만족이라는 감추인 샘이 흐르는 것을 느낄 것이다.

마지막으로, 만일 모든 방법이 실패할 경우, 그로 하여금 자신이 새 친구들과 함께 칵테일을 마시고 농담을 하는 것 자체가 그 친구들에게 선을 행하는 일이라는 것, 그리고 그런 일을 그만두는 것은 "깐깐하고" "편협하고" "청교도적"인 일이라는 구실로 양심을 무시하고 계속 새 친구들과 교제하게 만들 수 있다.

물론 너는 그가 이 새로운 사태에서 자극을 받아 능력 이상으로 돈을 쓰며 자기의 일과 어머니를 등한히 하게 만들어야 한다. 어머니의 질투와 경악, 그리고 그의 분명치 못한 태도와 무례함의 증가는 가정 내의 긴장을 고조시키는데 있어서 무한히 귀한 것이 될 것이다.

사랑하는 너의 삼촌
스크류테입

11.
경박한 태도를 배양하라

사랑하는 웜우드에게,
　만사가 잘 되어 가고 있다. 특히 두 명의 새 친구들이 네 환자를 자기들의 모든 것에 친숙해지게 만들었다는 소식을 들으니 기쁘다. 내가 등기소에서 발견한 바에 의하면 이 사람들은 철저하게 종교적인 사람들이다. 이들처럼 극단적인 죄는 범하지 않지만 꾸준히 냉소하는 사람들이나 세속적인 사람들은 우리 아버지의 집(지옥)을 향하여 고요하고 편안하게 나아간다. 너는 그들이 대단한 비소자(鼻笑者)라고 말했다. 그러나 그러한 웃음이 언제나 우리에게 우호적인 것이라고 생각하지 않기를 바란다. 이것은 중요한 사실이다.
　인간이 웃는 원인을 분류하면 기쁨, 재미, 농담, 경박함 등으로 나눌 수 있다. 휴일 저녁에 만난 친구들이나 연인들에게서는 기쁨의 웃음을 발견할 수 있을 것이다. 일반적으로 어른들 사회에는 농담의 구실들이 마련되어 있다. 그러나 그런 때에 아주 작은 익살이 쉽게 웃음을 만들어낸다는 사실은 농담이 진정한 웃음의 원인이 아니라는 것을 나타내준다. 우리는 진정한 원인을 알지 못한다. 그와 흡사한 것이 음악이라고 하는 예술에 대해 표현되어지기도 한다. 천국에서도 그와 흡사한 것이 발생한다. 즉 천상의 경험의 리듬이 무의미하게 고조되는 것인바 그것은 우리에게는 분명치 못하다. 이런 종류의 웃음은 우리에게 전혀 소용이 없으므로 당연히 억제해야 한다. 그 현상 자체가 지옥의 현실과 권위와 준엄함에 대한 모욕이요 불쾌감을 준다.

재미는 농담과 밀접하게 관련되어 있다. 그것은 놀이 본능에서 일어난 일종의 감정적 객담(客談)으로서 우리에게는 거의 소용이 없다. 물론 때때로 원수가 인간들로 하여금 느끼거나 행하게 하기를 원하는 것들로부터 인간의 관심을 분산시키기 위해 우리는 그것을 이용할 수 있다. 그러나 그것 자체는 본래 완전히 바람직하지 못한 경향들을 가지고 있다. 즉 그것은 사랑, 용기, 만족 등 우리에게 바람직하지 못한 많은 악들을 촉진시킨다.

갑작스러운 부조화의 감지에 의지하는 농담은 훨씬 전망이 있는 분야이다. 내가 염두에 두고 있는 것은 주로 하급 미혹자들이 많이 사용하여 실망스러운 결과들을 낳는 점잖치 못하고 음란한 농담이 아니다.

인간들은 이 문제와 관련하여 두 부류로 분명하게 분류된다. 색욕을 가장 심각한 욕망이라고 여기며, 아무리 점잖치 못한 이야기라도 재미있는 이야기로 여길 뿐 음탕한 마음을 갖지 않는 사람들이 있고, 동일한 이야기에 의해 웃음과 색욕이 자극을 받는 사람들도 있다. 전자는 성에 대한 농담이 많은 부조화를 일으키기 때문에 성에 대한 농담을 하며, 후자는 성에 대한 말을 하기 위한 핑계를 만들기 위해 부조화를 배양한다. 만일 네 환자가 전자에 속하는 사람이라면, 음란한 농담은 너에게 도움이 되지 못할 것이다. 내가 이 법칙을 깨닫기 전에 술집과 흡연실에서 환자를 유혹하려고 여러 시간을 낭비했던 일을 나는 결코 잊지 못할 것이다. 그 시간은 말할 수 없이 지루한 시간이었다. 그러므로 너는 자신의 환자가 어떤 부류의 사람인지를 알아내야 한다. 그러나 환자 자신은 자신이 어떤 부류의 사람인지 알지 못하게 해야 한다.

농담이나 유모어가 우리에게 주는 진정한 유익은 전혀 다른 방향에 있다. 그것은 특별히 영국인 사회에서 유망하다. 왜냐하면 그들은 유모어 감각을 대단히 중요하게 여기며 이것이 부족할 때에 부끄러움을 느끼기 때문이다. 그들에게 있어서 유모어는 지극한 위안과 자극이 되는 생활의 덕이다. 이런 까닭에 그것은 부끄러움을 없애는 지극히 귀한 수단이 된다.

자신이 치러야할 물건 값을 다른 사람에게 지불하게 하는 사람은 야비한 사람이다. 그러나 만일 그가 그러한 사실을 익살맞은 방법으로 자랑한다면, 그는 야비한 사람이 아니라 희극적인 사람이다. 겁을 내는 것은 부끄러운 일이다. 그러나 겁을 냈던 일이라도 익살스럽게 과장하고 이상한 몸짓을 하며 자랑하면 재미있게 여겨 지나칠 수 있다. 잔인한 사람이 실질적인 농담으로 잔인함을 표현하지 않으면, 그 잔인함은 부끄러운 것이다.

아무리 음란하고 신을 모독하는 말이라도 농담으로 취급된다면, 그것은 그 말을 한 사람을 정죄하는데 도움이 되기는 커녕 오히려 그로 하여금 자신이 원하는 거의 모든 일들을 행할 때에 동료들의 반대를 받지 않을 뿐만 아니라 오히려 칭찬을 받을 수 있다는 것을 발견하는데 도움이 된다.

이처럼 영국인들은 유모어를 중요하게 여기기 때문에 우리는 네 환자에게 이러한 유혹을 거의 완전히 감출 수 있다. 농담이 지나치다는 주장은 그에게는 "청교도적"이라거나 "유머의 결핍"을 드러내는 일로 표현될 수 있다.

경박함은 우리에게 가장 유익한 것이다. 우선, 그것은 대단히 경제적이다. 현명한 사람만이 덕에 대해 진정한 농담을 할 수 있다. 그들은 마치 덕이 재미있는 것인 듯이 말하는 훈련을 받을 수 있다. 경박한 사람들은 농담이 이미 만들어져 있다고 생각한다. 그러나 실제로는 그들은 농담을 하지 못한다. 그들은 심각한 주제를 다룰 때에 자신이 그것에 대해 우스꽝스러운 면을 발견했음을 암시하는 태도로 논한다.

경박함이라는 습관은 오래 지속되기만 한다면, 인간의 주위에 우리의 원수를 대적할 가장 훌륭한 무기를 쌓아 올린다. 경박함 안에는 다른 웃음의 원천들 속에 본질적으로 내재하는 위험이 존재하지 않는다. 그것은 기쁨과는 전혀 거리가 멀다. 그것은 지성을 날카롭게 하는 것이 아니라 오히려 죽이며, 또 경박함을 실천하는 사람들끼리의 사랑을 자극하지도 못한다.

너의 다정한 삼촌
스크류테입

12.
작은 죄를 중시하라

사랑하는 웜우드에게,
너는 훌륭하게 발전하고 있다. 그러나 나는 네가 환자를 성급하게 다룸으로써 그가 각성하여 자신의 참 위치를 의식하게 하지 않을까 염려된다. 너와 나는 그의 실제 위치를 알고 있지만, 그것이 그에게는 완전히 다르게 나타나야 한다는 것을 잊지 말아야 한다.

우리는 그의 행로를 바꾸어 놓았으며, 그로 인하여 그는 이미 원수의 주위를 도는 궤도에서 이탈하고 있다. 우리는 그가 이와 같은 행로의 변화를 초래한 선택들은 모두 사소한 것이며 취소할 수 있다고 생각하게 만들어야만 한다. 우리는 그로 하여금 자신이 태양에서 벗어나 춥고 어두운 우주로 이어지는 궤도를 달리고 있다는 생각을 추호도 하게 해서는 안된다.

그런 까닭에 그가 아직도 교회에 다니며 성례에 참여한다는 소식을 들으니 참으로 기쁘다. 물론 이 일에는 많은 위험이 도사리고 있다는 것을 안다. 그러나 어떤 일이라도 그가 자신이 회심하여 기독교인이 되고나서 최초의 몇 달 동안의 생활과 너무나 동떨어진 생활을 하고 있다는 것을 깨닫는 것보다는 낫다. 그가 표면적으로 기독교적인 관습들을 지키고 있는한 우리는 그로 하여금 자신이 몇 명의 새로운 친구들과 교제하며 즐거움을 누리고 있지만 영적 상태는 여섯 주일 전과 동일하다고 생각하게 만들 수 있다. 또 그가 이렇게 생각하는한, 우리는 그가 분명하고 완전하게 인정된 죄를 회개하는 것을 대적할 필요가 없다.

그보다는 어렴풋하기는 하지만 자신이 근래에 그다지 올바르게 행동하지 못했다는 그의 불안한 감정과 싸워야 한다. 이 어렴풋하지만 불안한 감정들은 조심해서 다루어야 한다. 만일 그러한 감정이 강해져서 그를 각성하게 만든다면 모든 일을 망치게 될 것이다. 반면에 만일 네가 그것을 완전히 억제한다면—말이 난 김에 하는 말인데, 원수는 결코 네가 그렇게 하도록 내버려두지 않을 것이다—우리는 이러한 상황에서 유익하게 활용할 수 있는 요소를 상실하게 된다.

그러나 그러한 감정을 살려 두면서도 저항할 수 없을 만큼 강력해져서 참 회개의 꽃을 피우도록 버려두지만 않는다면, 그것은 무한히 귀한 경향을 소유하게 된다. 즉 그것은 환자에게서 하나님에 대해 생각하기 싫어하는 마음을 증대시킨다.

인간들은 언제나 이처럼 내키지 않는 마음을 어느 정도 소유한다. 그러나 하나님에 대한 생각에 반쯤 의식하는 죄의식의 희미한 구름을 대면하고 강화하는 일이 포함되면, 이 내키지 않는 마음은 열 배나 증가된다. 경제적인 어려움에 직면한 사람이 어음책을 보기만해도 기분이 언짢듯이,

그들을 하나님을 암시하는 모든 생각을 미워한다.

　네 환자는 이런 상태에 이르게 되면, 그는 자신의 종교적 의무 수행을 생략하지는 않지만 갈수록 그것들을 싫어할 것이다. 그는 그것들을 행하기 전에는 가능한한 그것들에 대해서 생각하지 않을 것이며, 그것들이 끝난 후에는 할 수 있는 한 빨리 잊을 것이다.

　몇 주일 전에는 네가 그를 유혹하여 기도에 주의를 집중하지 못하게 하며 그의 기도가 비현실적인 것이 되게 만들었어야 했다. 그런데 지금은 오히려 그가 너에게 팔을 벌리며 자신의 목적을 혼란하게 만들고 자기의 마음을 마비시켜 달라고 애걸하고 있다. 그는 자기의 기도가 비현실적인 것이 되기를 원한다. 왜냐하면, 그는 하나님과 효과적으로 접촉하는 것을 가장 두려워하기 때문이다. 하나님의 목표는 잠자는 벌레들을 높이는 것일 것이다.

　이러한 상태가 더욱 확고하게 정착되면, 너는 쾌락을 도구로 하여 환자를 유혹하는 지루한 일에서 해방될 것이다. 기도에 대해 느끼는 불편함과 내키지 않는 마음이 그를 진정한 행복으로부터 절단하며, 또 습관적으로 허영과 흥분과 경박함이라는 쾌락들을 억제하는 것을 그다지 기뻐하지 않고 어렵게 느끼게 된다면, 너는 어떤 것을 사용해서도 방황하고 있는 그의 주의를 끌 수 있으며, 아무 것도 없어도 그의 주의를 끌 수 있게 될 것이다. 너는 그가 참으로 좋아하는 좋은 책이 없어도 그로 하여금 기도하거나 일하거나 잠자지 못하게 할 수 있다. 어제 저녁 신문에 난 광고 기사만 가지고도 충분히 그의 기도를 방해할 수 있다. 또 그로 하여금 자신이 좋아하는 사람들과의 대화 뿐만 아니라 자신이 전혀 관심을 두지 않는 사람들과 나누는 지루한 대화에까지도 시간을 낭비하게 만들 수 있다. 오랫 동안 아무 일도 하지 않게 만들 수 있다. 술을 마시며 흥청대지 않고서도 추운 방에서 꺼진 난로를 바라보면서 밤 늦게까지 앉아 있게 만들 수 있다. 우리는 아무런 보상도 하지 않은채 그에게서 모든 건전하고 솔직한 행동들을 금할 수 있다. 그는 마침내 환자 한 사람이 지하 세계에 도착한 후에 말한 것처럼, "나는 내가 반드시 해야 하는 일도 행하지 않고 좋아하는 일도 행하지 않은채 일생을 보냈다는 것을 알게 되었다"고 말하게 될 것이다.

기독교인들은 하나님이 없으면 아무 것도 힘을 얻지 못한다고 말한다. 그러나 "무(無)"라는 것은 대단히 강한 것이다. 그것은 인생의 황금 시기를 죄 속에서 보내지는 않지만 무엇인지도 알지 못하고 이유도 알지 못하는 것으로 인하여 흔들거리는 불쌍한 마음 속에서 보내거나, 너무나 희미하여 겨우 반 쯤만 인식하는 호기심들을 충족하면서 보내거나, 손가락으로 두드리고 발로 차면서 보내거나, 좋아하지도 않는 노래를 부르면서 보내거나, 또는 길고 희미한 환상의 미궁 속에서 보내게 할만큼 강력한 것이다. 그런데 이러한 환상은 그들에게 흥미를 주는 야망이나 정욕이 되지 못하고, 인간들은 너무나 연약하기 때문에 일단 이것들이 결합하여 작용하게 되면 그것들을 떨쳐버리지 못한다.

너는 이것들을 지극히 작은 죄라고 말할 것이다. 그리고 물론 모든 젊은 미혹자들처럼 너도 찬란한 악에 대한 보고를 할 수 있게 되기를 간절히 원할 것이다. 그러나 중요한 것은 네가 그 사람을 원수에게서 떼어 놓는 것이라는 사실을 반드시 기억해라. 아무리 작은 죄라도 그것의 축적된 효과로 말미암아 그 사람을 "빛"으로부터 몰아내어 "무"로 몰고 가기만 하면 된다. 목적을 달성하기만 하면 도박도 살인이나 마찬가지이다. 실제로 지옥에 이르는 가장 안전한 길은 완만하고 점진적인 길이다. 그것은 갑작스러운 모퉁이도 없고, 이정표도 없고, 표지판도 없는 완만하게 경사진 길이다.

너를 사랑하는 삼촌
스크류테입

13.
실천이 없는 신앙생활로 유도하라

사랑하는 웜우드에게,
 너는 아주 간단한 이야기를 장황하게 설명하고 있다. 결국 너는 네 환자를 잃을 것이다. 상황은 매우 심각하다. 나에게는 네 무능함 때문에 초래된 결과로부터 너를 지켜주려고 노력해야할 이유가 없다. 네가 묘사하고 있는 규모의 회개와 은혜의 회복은 가장 중요한 패배이다. 그것은 제2의 회심으로 이어지는데, 아마 그것은 최초의 회심보다 더 심오한 차원의 회심이 될 것이다.

환자를 공격하여 과거의 상태로 돌아가게 하지 못하려는 너를 방해한 숨 막히게 하는 구름은 이미 잘 알려져 있는 현상이다. 그것은 원수가 사용하는 가장 잔인한 무기로서, 일반적으로 그가 아직 분명하게 분류되지 않은 방법으로 환자에게 임재할 때에 나타나는 현상이다. 어떤 사람들은 영원히 그것에 에워싸여 있기 때문에 우리가 접근하기 어렵다.

네가 범한 잘못은 다음과 같다. 첫째, 네 환자가 자신이 진정으로 즐기는 책을 읽는 것을 허용한 것이다. 그는 그

책을 즐긴 것이지, 새로운 친구들과 대화할 때에 그 책에 대해 현명한 논평을 하려고 읽은 것이 아니기 때문이다.

둘째, 너는 그가 낡은 방앗간으로 돌아가서 차를 마시는 것을 허용했다. 즉 그가 진정으로 좋아하는 시골길을 홀로 걷게 했다. 다시 말하자면, 너는 그에게 두 가지 적극적인 즐거움을 허락했다. 너는 이것이 얼마나 위험한 것인지 알지 못할 정도로 무식했느냐?

고통과 즐거움은 분명히 실재한다는 특성을 가지고 있으며, 그것들을 느끼는 사람들에게 현실이라는 시금석을 제공한다. 그러므로 만일 네가 낭만적인 방법에 의해서, 즉 네 수중에 있는 환자를 상상의 고통으로 인해 자기 연민에 빠진 해롤드 공자(Childe Harold)나 베르테르와 같은 부류의 사람으로 만들어 저주하려고 노력해 왔다면, 어떤 대가를 치르더라도 그가 진정한 고통에 접하지 못하게 막아야 했다. 실제로 5분 동안 느끼는 치통은 낭만적인 슬픔이라는 것이 얼마나 무의미한 것인지를 드러내주며, 또 너의 모든 책략을 드러내준다.

그런데 너는 세상에 의해서, 즉 허영심, 소동, 냉소, 싫증들을 쾌락이라고 속여 네 환자에게 안김으로써 그를 저주하려고 했다. 어찌하여 너는 그가 진정한 쾌락을 만나지 못하게 해야 한다는 것을 알지 못했단 말이냐? 너는 지금까지 힘들게 그를 가르쳐 온갖 하찮은 것들을 귀하게 여기게 만들었는데, 그것이 그 모든 것을 수포로 만들게 되리라고 예견하지 못했단 말이냐? 그러한 책이나 행동이 그에게 제공한 쾌락이 가장 위험한 것이 아니었느냐? 그것은 네가 그의 감성 위에 덧씌워 놓은 껍질을 벗겨 내었으며, 그로 하여금 자신이 본향으로 돌아가고 있으며 냉정을 되찾고 있다고 느끼게 만들지 않겠느냐? 그를 원수에게서 분리시키려면 먼저 자신에게서 분리시켜야 한다. 그런데 너는 이 모든 일을 행하지 않았다.

물론 원수도 역시 인간들을 그들 자신에게서 분리시키기를 원한다. 그러나 그가 사용하는 방법은 우리의 방법과는 다르다. 그는 진정으로 그 작은 악당들을 좋아하며, 어리석게도 그들 각자의 특성을 중요하게 여긴다는 것을 기억해라. 원수의 입장에서 볼 때, 그들이 자신을 상실한다는 것은 이기심을 버리는 것을 의미한다. 그들이 이기심을 버리기만 하면, 그는 그들의 개성을 되돌려줄 것이며, 또 그들이 온전히 그의 것이 될 때 그들은 전보다 더 충실한 자아가 될 것이라고 떠벌인다. 이런 까닭에 그는 그들이 순전한 의지를 자기의 의지에게 희생하는 것을 보면 기뻐하지만, 그들이 다른 이유로 자신의 본성을 떠나 표류하는 것을 싫어한다.

그러나 우리는 그들로 하여금 이러한 행동을 하도록 장려해야 한다. 인간의 내면 가장 깊은 곳에 있는 기호와 자극들은 원수가 그에게 공급한 원료요 출발점이다. 그러므로 그에게서 이것들을 분리시키는 것은 우리가 득점을 하는 일이다. 비록 대수롭지 않은 일에 있어서도 인간이 자신의 기호에 따라 세상이나 관습이나 유행의 표준을 바꾸는 것은 지극히 바람직한 일이다.

만일 내가 네 입장에 있다면, 가능한한 그 일을 깊이 추진하겠다. 나는 크리켓 경기나 우표수집이나 코코아를 마시는 것을 좋아하는 등 지극히 하찮은 것일지라도 실제로 죄가 되지 않는 강력한 개인적인 취향을 내 환자에게서 근절하겠다. 그런 것들은 본질적으로 전혀 가치가 없는 것이다. 그것들에게는 내가 불신하는 일종의 순결과 겸손과 헌신이 있다. 진정으로, 사심이 없이, 그리고 다른 사람이 무엇이라고 말하든지 상관하지 않고 세상에 있는 것을 즐기는 사람은 지극히 교묘한 우리의 공격을 대비하여 무장을 한 사람이다.

너는 언제나 환자로 하여금 가장 선한 사람, 가장 좋은 음식, 가장 중요한 책들을 중요하게 여겨 자신이 진정으로 좋아하는 사람들이나 음식이나 책들을 버리게 만들어야 한다. 내가 아는 사람 중에는 변변치 못한 것과 양파를 좋아하기 때문에 사회적 야망으로 이끄는 유혹에 빠지지 않은 사람이 있다.

우리는 이러한 재난을 만회하는 방법을 생각해 보아야 한다. 중요한 것은 그가 아무 일도 하지 못하게 하는 것이다. 그가 새로운 회개에 대해 아무리 생각해도 그 생각이 행동으로 바꾸지만 않는다면 상관이 없다. 그 짐승 같은 인간으로 하여금 그러한 생각 속에서 마음껏 딩굴게 내버려 두어라. 또 혹시 그에게 하고자 하는 뜻이 있다면 그것에 대해 책을 저술하게 만들어라. 그것은 원수가 인간의 영혼 속에 뿌린 씨앗이 싹을 트지 못하게 하는 훌륭한 방법이 된다.

어쨌든 그가 무엇을 하든지 내버려 두되 행동으로 옮기는 것만은 막아야 한다. 그가 상상 속에서 아무리 긍휼히 여기고 사랑을 품어도, 의지로 연결되지 않는 생각은 결코 우리에게 해를 끼치지 못할 것이다.

어떤 인간이 말한 바와 같이, 적극적인 습관은 반복에 의해 강화되지만, 수동적인 습관들은 오히려 약화되는 것이다. 행동은 하지 않고 되풀이해서 느끼기만 하는 사람은 더욱 행동하지 않게 될 것이며, 결국 느낌마저 감소될 것이다.

사랑하는 삼촌
스크류테잎에게서

14.
스스로 겸손하다고 생각하게 만들라

사랑하는 웜우드에게,

환자에 대한 지난 번 네 보고서 중에서 가장 걱정스러운 사실은 그가 지금은 처음 회심할 때처럼 자신만만한 결심들을 하지 않는다는 것이다. 너는 그가 이제는 영속적 가치가 있는 약속들을 하지 않으며, 평생토록 계속되는 은혜의 공급을 기대하지도 않고, 다만 날마다 시간마다 임하는 시험을 맞아 싸우기 위해 날마다 시간마다 소량의 은혜를 공급해 주시기를 기대한다고 보고했다. 이것은 정말로 좋지 않은 소식이다.

지금 우리가 할 수 있는 일은 한 가지 뿐이다. 네 환자는 이미 겸손한 사람이 되어 있다. 그로 하여금 이 사실에 주의를 기울이게 해보았느냐? 인간이 스스로 어떤 덕을 소유하고 있다는 사실을 의식하게 되면, 그 덕은 결코 우리에게 무서운 것이 되지 못하며, 특히 겸손이라는 덕의 경우에는 더욱 그러하다. 그가 영적으로 진실로 가난하게 되는 순간에 그의 마음에 "나는 겸손하다"고 자만하는 생각을 은밀하게 주입시키라. 그리하면 즉시 교만—자신이 겸손하다는 사실로 인한 교만—이 모습을 드러낼 것이다.

만일 그가 위험을 의식하고 이 새로운 형태의 교만을 억제하려 한다면, 그로 하여금 그러한 자신의 시도를 자랑스럽게 여기게 만들어라. 네가 원하는 정도까지 이와 같은 단계를 계속 밟아가라. 그러나 너무 오래 시도해서는 안된다. 왜냐하면 만일 네가 그의 유모어 감각과 균형 감각을 일깨우게 되면, 그는 너를 비웃고 잠자리에 들 것이기 때문이다.

그 밖에도 그의 관심을 겸손이라는 덕에 붙들어 놓을 수 있는 유익한 방법들이 있다. 원수는 다른 덕들은 물론이요 이 덕으로 말미암아 그 사람이 자신에게 쏟던 관심을 원수 자신과 이웃에게 쏟기를 원한다. 모든 비천함과 자기혐오는 오로지 이 목적만을 위해 고안된 것이다. 이 목적을 달성하지 못하는한 그것들은 우리에게 해를 끼치지 못할 것이다. 또 그것들이 인간으로 하여금 자신에게 관심을 갖게 만든다면, 우리에게 유익을 줄 수도 있을 것이다. 무엇보다도 자기 경멸이 다른 사람의 자아를 멸시하는 출발점이 될 수만 있다면, 그리하여 냉소와 잔인함과 우울함의 출발점이 될 수만 있다면, 그것은 우리에게 유익을 줄 것이다.

그러므로 너는 환자가 겸손의 진정한 목적을 알지 못하게 해야 한다. 그로 하여금 겸손에 대해 생각하게 하되 헌신으로서가 아니라 자신의 재능과 특성에 대한 견해로서 생각하게 하라. 그에게는 약간의 재능들이 있다. 그의 마음에 그 재능들은 자신이 실제로 생각하는 것만큼 귀하지 않다고 생각하는 것이 겸손이라는 사상을 주입하라. 물론 그것들은 그가 생각하는 것만큼 귀하지 않다. 그러나 그것은 중요하지 않다. 중요한 것은 그로 하여금 진리가 아니라 어떤 특성에 대한 견해를 귀하게 여기게 만들며, 그리하여 그의 마음에 부정직과 거짓을 도입하는 것이다.

우리는 이 방법에 의해서 수천 명의 인간들로 하여금 겸손이란 아름다운 여인이 자신을 추하다고 믿으려고 노력하는 것이요, 똑똑한 사람이 자신이 어리석다고 믿으려고 노력하는 것이라고 생각하게 만들었다. 어떤 경우에는 그들이 믿으려고 노력하는 것이 분명한 넌센스일 수도 있으므로 그들은 그것을 믿으려는 일에 성공하지 못한다. 그렇게 되면 그들이 불가능한 것을 성취하려고 노력하는 동안 그들의 정신은 끝없이 자신 위에서 맴돌게 된다.

원수의 전략을 예측하려면 먼저 그의 목표를 알아야 한다. 원수는 인간의 마음을 세상에서 가장 훌륭한 성전을 건축할 수 있는 상태로 만들기를 원한다. 그는 그것이 가장 훌륭하다고 알고 있으며, 그 사실을 기뻐한다. 원수는 인간이 자신에게 유리하게 생각하는 편견에서 해방되어 이웃의 재능—혹은 일출(日出), 코끼리, 또는 폭포—을 보고 기뻐하는 것과 똑 같이 솔직하고 감사한 마음으로 자신의 재능을 즐기게 되기를 원한다. 그는 각 사람이 마침내 피조물은 모두 영광스럽고 탁월한 것임을 깨닫게 되기를 원한다. 그는 되도록 신속하게 그들의 동물적인 이기심을 죽이기를 원한다.

그러나 그의 장기적인 정책은 그들로 하여금 새로운 종류의 이기심—자신을 포함한 모든 자아에 대한 사랑과 감사를 회복하게 만드는 것이다. 그들이 진실로 이웃을 자기 몸처럼 사랑하는 법을 배우게 되면, 자기 자신도 이웃처럼 사랑하게 될 것이다.

　우리는 원수에게서 가장 보기 싫고 불가해한 특성이 무엇인지 망각해서는 안된다. 그는 진실로 자신이 만든 털 없는 두 발 짐승들을 사랑하고 있으며, 왼손으로 그들에게서 빼앗아갔던 것을 오른 손으로 되돌려 준다.

　그는 인간이 스스로 귀하게 여기는 것으로부터 완전히 마음을 돌리게 만들 것이다. 그는 인간이 스스로를 좋지 못한 사람이라고 생각하려고 노력하면서 시간을 보내기보다는 스스로를 위대한 건축가나 시인이라고 생각하고서 그것에 대해 잊기를 원한다.

　그러므로 원수는 환자에게 허영심이나 거짓된 중용을 심어 주려는 너의 노력을 대적하기 위해서 인간으로 하여금 자신이 결코 자신의 재능에 대한 견해를 지니라는 부름을 받지는 않았다는 것을 상기시킨다. 왜냐하면 인간은 자신의 공적으로 인해 길이 기억될 권리를 결정하지 않고서 자신의 재능들을 능력껏 개발해 나갈 수 있기 때문이다. 너는 어떻게 해서든 네 환자의 의식에서 이러한 기억을 제거해야 한다.

　원수는 모든 사람들이 공언하면서도 절실하게 느끼지 못하는 원리—즉 그들이 자신을 창조한 것이 아니며, 그들의 재능들은 원수가 준 것이요, 또 그들이 자신의 머리털의 색깔을 자랑해도 좋다는 등의 원리가 환자의 마음 속에서 사실적으로 나타나게 하려고 노력한다. 언제나, 모든 방법에 의해서 환자의 마음을 그러한 문제들로부터 구출해내는 것이 원수의 목표요, 너의 목표는 그러한 문제들을 그의 마음에 고정시키는 것이 될 것이다. 원수는 그가 자신의 죄에 대해서도 지나치게 생각하지 않기를 원한다. 원수는 인간이 죄를 회개한 후에는 되도록 빨리 주의를 밖으로 돌리기를 원하며, 또 그것을 기뻐한다.

다정한 너의 삼촌,
스크류테입

15.
현재보다 미래를 중요시하게 만들라

사랑하는 웜우드에게,
　유럽 전쟁 기간 중에 인간들은 일시적인 소상 상태를 누렸다. 나는 네 환자의 불안에도 그에 상응하는 소강 상태가 있다는 사실에 놀라지 않는다. 너는 이것을 장려하기를 원하느냐, 아니면 그로 하여금 계속 걱정하게 만들기를 원하느냐? 왜곡된 두려움과 어리석은 자만심은 우리에게는 바람직한 마음의 상태이다. 그것들 중 무엇을 선택하느냐에 따라 중요한 문제들이 일어난다.
　인간들은 비록 유한한 세상에서 살고 있지만 원수는 그들을 영원한 존재로 만들었다. 그러므로 그는 그들이 주로 영원, 그리고 그들의 표현대로 하자면 현재라고 부르는 시점에 주의를 기울이기를 원한다. 현재란 시간이 영원에 접촉하는 점이다.
　인간들은 현재라는 순간에만 모든 실재에 대해 원수가 지니고 있는 경험과 유사한 경험을 소유한다. 그들에게는 현재라는 순간 속에서만 자유와 현존이 제공된다. 그러므로 원수는 그들이 끊임없이 영원이나 현재에 관심을 갖기를 원한다. 영원에 관심을 갖는다는 것은 곧 하나님에게 관심을 갖는다는 의미이다. 현재에 관심을 갖는다는 것은 하나님과의 영원한 결합이나 분리를 묵상하거나, 현존하는 양심의 소리에 복종하거나, 현재의 십자가를 인내하며 짊어지거나, 현재의 은혜를 받아들이거나, 현재의 즐거움으로 인해 감사를 드리는 것을 의미한다.

우리가 해야할 일은 그들을 영원과 현재로부터 끌어내는 것이다. 이것을 염두에 두고서, 우리는 때때로 어떤 사람(예를 들자면 과부나 학자)을 유혹하여 과거 속에서 살게 만든다. 그러나 이것은 한정된 가치를 지닐 뿐이다. 왜냐하면 그들은 과거에 대한 실질적인 지식을 가지고 있는데, 과거는 분명한 본질을 가지고 있고, 어느 정도 영원과 흡사하기 때문이다.

그들로 하여금 과거에 살게 하는 것보다는 미래에 살게 하는 편이 훨씬 더 낫다. 생물학적인 필요성은 이미 그들의 모든 욕망들이 미래를 지향하게 만들고 있으므로, 미래에 대한 생각은 희망과 두려움이 솟구치게 만든다. 그들은 미래에 대해 알지 못하므로, 우리는 그들이 미래를 생각할 때에 실재하지 않는 것들에 대해 생각하게 만든다.

간단히 말해서 미래는 만물 중에서 가장 영원과 닮지 않은 것이다. 그것은 시간 중에서 가장 일시적이다. 왜냐하면 과거는 이미 얼어 붙어 더 이상 흐르지 않으며, 현재는 영원한 빛으로 완전히 타오르고 있기 때문이다. 이런 까닭에 우리는 창조적 진화론이나 과학적 인문주의나 공산주의 등 인간의 감정을 미래, 무상(無常)의 핵심에 고정시키는 사상들을 장려한다. 이런 까닭에 거의 모든 악은 미래에 뿌리를 둔다. 감사(感謝)는 과거를 바라보고, 사랑은 현재를 바라본다. 그러나 두려움, 탐욕, 욕정, 야심 등은 미래를 바라본다. 욕정도 역시 미래를 바라본다. 현재의 즐거움이 도착하면, 우리의 유일한 관심의 대상인 죄는 이미 끝난 것이다. 즐거움은 우리가 유감으로 생각하는 것으로서 죄를 잃지만 않는다면 제외시키려할 과정의 일부이다. 그것은 원수가 기증한 것이며, 따라서 현재 속에서 경험되어진다. 그러나 죄는 우리가 기증하는 것이므로 앞을 내다본다.

원수도 인간이 미래를 생각하기를 원한다. 그러나 내일이면 그들의 의무가 될 공의나 사랑의 행동들을 지금 계획하기 위해 필요한 만큼만 생각하기를 원한다. 내일의 일을 계획하는 것은 오늘의 의무이다. 비록 그 의무에 사용되는 자료는 미래로부터 빌려온 것이지만, 그 의무는 다른 모든 의무와 마찬가지로 현재 속에 있다.

원수는 인간이 미래에게 마음을 내어주는 것, 그 속에 자기들의 보물을 두는 것을 원치 않는다. 그러나 우리는 그것을 원한다. 원수의 이상은 인간이 종일 자손의 행복을 위해 일한 후에 마음에서 그 모든 주제를 씻어내고 그 문제를 하늘나라에 맡기며, 그것이 자신을 지나가는 순간에 요구되는 인내와 감사로 즉시 돌아가는 것이다.

그러나 우리는 미래 때문에 악몽을 꾸는 사람, 세상에 곧 천국이나 지옥이 임한다는 환상의 공격을 받는 사람을 원한다. 자신이 지옥을 피하고 천국을 얻을 수 있다고 생각하여 원수의 명령을 범하려는 사람, 생전에 결말을 보지 못할 계획의 성공이나 실패에 자신의 신앙을 의존하는 사람을 원한다. 우리는 온 인류가 영원히 무지개의 끝을 찾기를 원한다. 지금은 정직하지 않고 친절하지 않고 행복하지도 않으나 항상 현재 속에서 자기에게 제공된 모든 참 은사들을 미래의 제단에 쌓을 연료로서만 사용하게 되기를 원한다.

일반적으로 네 환자를 현재 속에서 살게 하는 것보다 그에게 전쟁에 대한 걱정이나 희망을 채워 주는 것이 낫다. 그러나 "현재 속에서 사는 것"이라는 표현은 애매한 말이다. 그것은 걱정 자체에 관심을 갖는 것과 똑 같이 미래에 관심을 갖는 과정을 묘사할 수도 있다. 네 환자는 현재에 관심을 갖기 때문이 아니라 미래가 자기의 마음에 들 것이라고 믿기 때문에 미래에 대해 걱정하지 않을 수도 있다. 그것이 그가 지닌 평온함의 진정한 추이(推移)라면, 그의 평온함은 우리에게 유익이 될 것이다. 그의 그릇된 희망들이 좌절될 때 더 많은 낙심과 조급함을 쌓아 올릴 것이다.

반면에 만일 그가 자신을 위해 공포가 예비되어 있다는 것을 알고 그것들을 대적할 덕을 구하는 기도를 드리면서도, 모든 의무와 모든 은혜와 모든 지식과 모든 즐거움이 현재 안에만 거하고 있기 때문에 현재에 관심을 둔다면, 그것은 지극히 바람직하지 못한 상태이므로 우리는 즉시 그를 공격해야 한다.

여기에서도 우리의 언어학적인 능력이 훌륭한 역할을 한다. 그에게 "자만심"이라는 단어를 적용해 보아라. 물론 그는 다른 이유보다는 건강하며 자신의 일을 즐기기 때문에 "현재 속에서 살고" 있을 가능성이 많다. 그렇다면 그 현상은 자연적인 것에 불과하다. 만일 내가 너라면 나는 그것을 파괴해 버리겠다. 자연적인 현상들을 결코 우리에게 유익하지 못하다.

어쨌든, 그 피조물이 현재 행복해 하는 원인은 도대체 무엇이냐?

너의 다정한 삼촌
스크류테입

16.
편안하고 쉬운 예배를 원하며
이 교회 저 교회를 섭렵하게 만들라

사랑하는 조카에게,
 지난 번 편지에서 너는 네 환자가 회심한 이후로 계속 한 교회에만 출석하고 있지만 그 교회를 흡족해 하지 않는다고 말했다. 너는 대체 무슨 일을 하고 있느냐? 왜 그가 그 교회에 열심히 나가는 원인들에 대해 내게 보고하지 않았느냐? 그것이 무관심에서 비롯된 것이 아닐 경우, 그것은 대단히 좋지 못한 일이라는 것을 너는 알지 못하느냐? 어떤 사람이 교회에 나가는 것을 막지 못했을 때 우리가 사용할 수 있는 방법은 그로 하여금 자기에게 맞는 교회를 찾아 이리 저리 헤매게 하여 마침내 교회들을 맛보고 다니는 감식가가 되게 하는 것이다.
 그렇게 해야할 분명한 이유들이 있다. 첫째, 교구의 조직은 기호에 의해 결합한 연합체가 아니라 지역적인 연합체이기 때문에 다양한 계층과 심리의 사람들이 원수가 원하는 연합체 속에 모이게 되므로, 우리는 항상 그것을 공격해야 한다. 반면에 회중의 원리는 각 교회를 일종의 클럽으로 만들며, 일이 잘 될 경우에는 분파나 그룹들이 되게 한다.

둘째, 원수가 신자들에게 원하는 것은 진리를 배우는 학생이 되는 것이다. 그러나 자기 취향에 맞는 교회를 찾아 다니는 사람은 학생이 아니라 비평가가 된다. 원수가 평신도들에게 원하는 것은 거짓되고 유익하지 못한 것을 배격한다는 의미에서는 비평적이지만, 자신이 배격하는 것에 대해 생각하는 일에 시간을 낭비하지 않으며 전혀 논평이 없이 자신을 드러내며, 진행되고 있는 것을 겸손하게 받아들인다는 의미에서는 결코 비평적이 아닌 태도이다. (너는 원수가 얼마나 비굴하고 신령치 못하고 용서치 못할만큼 천박한지 알고 있다.)

이러한 태도는 특히 설교 시간에 인간의 영혼이 진부한 설교에 귀를 기울이게 만드는데, 이것은 우리의 정책에 지극히 적대적인 것이다. 이러한 마음 가짐으로 받아들이는 설교나 책은 거의 모두 우리에게 위험하다. 그러므로 너는 분발하여 이 어리석은 바보로 하여금 가능한한 빨리 이웃에 있는 교회들을 순회하게 만들어라. 최근에 제출한 너의 보고는 그다지 만족스럽지 못하다.

나는 그에게 가장 알맞은 두 교회를 찾아 보았다. 두 교회 모두 장점이 있다. 첫째 교회의 목사는 오랫 동안 의심 많고 완고한 교인들의 수준에 맞추기 위해 신앙을 적당히 조절하여 전파해 왔는데, 이제는 목사 자신의 불신앙 때문에 교구민들이 놀라고 있다. 그는 많은 영혼의 신앙을 손상시켜왔다. 그가 의식을 집전할 때의 행동은 지극히 훌륭하다. 그는 평신도들의 어려움을 덜어주기 위해서 성구집(聖

句集)과 찬송가를 버렸으며, 이제는 자신이 즐겨하는 15개의 찬송과 20개의 성구만 끝없이 되풀이하고 있다. 그러므로 그 목사나 그를 따르는 양들이 성서를 통해 진리를 깨달을 위험이 없이 안전하다. 그러나 아마 네 환자는 이 교회에 갈 만큼 어리석지는 않을 것이다.

우리의 마음에 드는 또 하나의 교회는 스파이크(Spike) 형제가 돌보고 있다. 그런데 교인들은 종종 그의 견해가 도대체 어디까지 미치는지 그 범위를 알지 못해 당황하곤 한다. 그는 하루는 공산주의자 같고 다음 날에는 파시스트 같으며, 하루는 학자 같으나 다음 날에는 인간의 이성을 완전히 부정하며, 하루는 정치에 흠뻑 빠져 있으나 다음 날에는 이 세상 모든 국가들이 심판을 받고 있다고 선포한다.

물론 우리는 그것들을 연결해 주는 고리가 "증오심"이라는 것을 알고 있다. 그 사람은 부모와 친구들을 슬프게 하고 당황하게 만들고 굴욕을 느끼게 하고 충격을 줄 것이라고 예측되는 것들만 설교한다. 그는 교인들이 받아들일 수 있는 설교는 마치 그들이 운율을 붙인 시처럼 재미없게 여길 것이다.

또 그에게는 부정직이라는 유망한 경향이 있다. 우리는 그에게 "교회의 가르침은 다음과 같습니다"라고 말하라고 가르쳤는데, 실상 그것은 "내가 최근에 주간지에서 읽은 바에 의하면 다음과 같습니다"라는 의미이다.

그러나 너는 그에게 한 가지 치명적인 허물, 즉 그가 참된 믿음을 가지고 있다는 것을 기억해야 한다. 아마 이것이 모든 것을 망칠 수도 있을 것이다.

어쨌든 이 두 교회는 한 가지 좋은 공통점을 지니고 있다. 즉 이 두 교회들은 모두 파당적인 교회이다. 일전에 나는 만일 네 환자가 교회에 나가는 것을 막지 했을 경우에는 그로 하여금 교회 내에 있는 어떤 분파에 열렬하게 집착하게 해야 한다고 경고한 적이 있다. 내가 말하는 것은 교리적인 문제들에 관해 분파에 가입하게 만들라는 것이 아니다. 그러한 문제들에 대해서는 미온적일수록 좋다. 우리가 악의를 만들어내기 위해 의지하는 것을 교리가 아니다.

참으로 재미있는 것은 후커(Hooker)의 교리와 토마스 아퀴나스의 교리의 차이점에 대해서는 전혀 언급하지 않으면서도 거룩한 교제를 나눈다고 하는 사람들과 미사를 드린다고 하는 사람들 사이에 미움이 쌓여가는 것이다. 촛불, 제복 등 온갖 사소한 것들이 우리의 활동을 위한 훌륭한 근거가 된다.

우리는 인간들의 마음에서 바울이라는 해로운 친구가 음식을 비롯하여 여러 가지 중요치 않은 것들에 대해 가르친 것들—예를 들자면 양심의 가책이 없는 사람은 양심의 가책을 느끼는 사람에게 양보해야 한다는 것—을 완전히 제거했다.

너는 그들이 반드시 그러한 가르침을 적용할 것이라고 생각했을 것이다. 너는 연약한 양심을 지닌 고교회 형제가 경건치 못하다고 생각할까 두려워 무릎을 꿇고 십자 성호를 긋는 저(低)교회 신자, 그리고 저교회 형제들이 우상숭배라고 생각할까 두려워 종교적 근행을 삼가는 고교회 형제들을 발견하리라고 생각했을 것이다.

만일 우리가 끊임없이 노력하지 않았다면 그렇게 되었을 것이다. 우리의 노력이 없었다면 영국 교회 내의 다양한 관습들은 적극적인 사랑과 겸손을 배양하는 온상이 되었을 것이다.

사랑하는 너의 삼촌
스크류테입

17.
탐식과 미식은 신자들을 유혹하는 훌륭한 수단이다

사랑하는 조카에게,

너는 지난 번 편지에서 영혼들을 사로잡는 방법으로 탐식에 대해서 말했는데, 그것은 너의 무지를 잘 드러내주고 있다. 우리가 과거 수백 년 동안에 달성한 위대한 업적들 중 하나가 그 주제와 관련하여 인간의 양심을 마비시킨 것이다. 이제 너는 유럽 지역 어디에서도 이 주제에 대한 설교나 이 문제로 괴로움을 겪는 양심을 발견하지 못할 것이다.

그것은 우리가 탐식(貪食)이 아니라 미식(美食)에 노력을 집중함으로써 이룩된 결과이다. 나는 사건 기록에 의해 알게 되었으며 너는 글루보스(Glubose)에게서 들었을테지만, 네 환자의 어머니가 아주 좋은 본보기이다. 장차 자신의 일생이 이런 육욕의 노예가 되어 있었으며, 또 그것과 관련된 양(量)이 작다는 사실 때문에 자기가 그것을 깨닫지 못했다는 사실을 알게 된다면 그녀는 크게 놀랄 것이다.

그러나 우리가 인간의 위(胃)와 미각을 사용하여 화를 잘

내고 조급하고 무자비하고 자기에게만 관심을 갖게 만들 수만 있다면 양(量)이 적다는 것이 무슨 상관이 있겠느냐?

글루보스는 이 늙은 여인을 자신의 수중에 넣고 잘 제어하고 있다. 그녀는 하인들이나 자기를 초대한 안주인들에게 두려운 존재가 되고 있다. 그녀는 언제나 자기에게 제공된 음식을 보면 점잖은 태도로, 그러나 한숨과 미소를 섞은 표정을 지으며 "내가 원하는 것은 진하게 타지 않은 한 잔의 차입니다. 그러나 너무 연하게 타지는 마십시오. 그리고 정말로 바싹하게 구운 조그만 토스트 한 조각이면 됩니다."라고 말한다.

그녀는 자기가 요구한 것은 먼저 자기에게 제공되었던 것보다 양이 적고 값으로 쳐도 싼 것이기 때문에 자신이 원하는 것을 얻으려는 자기의 결정이 탐식이라는 사실을 깨닫지 못한다. 그러나 그것은 다른 사람들에게 많은 수고를 끼치며 귀찮게 해준다. 그녀는 자신의 식욕을 만족시키고 있으면서도 자신이 절제를 행하고 있다고 믿는다.

그녀는 혼잡한 음식점에서 과로로 지쳐 있는 여급이 가져온 음식 접시를 보고는 소리를 지르며 " 이것은 너무 양이 많군요! 이것을 가져 가고 $\frac{1}{4}$정도만 가져다 주세요"라고 말한다. 혹시 여급이 불평을 하면 그녀는 낭비를 피하기 위해서 그렇게 한다고 말할 것이다. 그러나 실상 그녀는 우리에게 사로잡혀 미식(美食)이라는 욕망의 노예가 되었기 때문에 음식의 분량이 자신이 원하는 것보다 많은 것을 보고 기분이 상해서 그렇게 행한 것이다.

글루보스가 여러 해 동안 이 노부인과 관련하여 행한 조용하면서도 주제넘지 않은 사역은 그녀의 위(胃)가 그녀의 모든 생활을 지배하는 방법에 의해서 측정할 수 있다.

이 부인은 소위 "내가 원하는 것은 오직…"이라는 마음 상태에 있다고 할 수 있다. 그녀가 원하는 것은 오직 제대로 끓인 한 잔의 차, 제대로 삶은 계란 한 개, 또는 제대로 구운 토스트 한 조각이다. 그러나 그녀는 이처럼 간단한 일들을 제대로 하는 하인이나 친구를 결코 발견하지 못한다. 왜냐하면 그녀는 자신이 과거에 맛보았다고 생각하지만 정확하게 그대로 만족시킬 수 없는 것을 요구하고 있기 때문이다. 그녀가 "당신이 유능한 하인들을 고용했던 시절"이라고 표현하는 과거란 우리가 알기로는 그녀의 감각을 보다 쉽게 충족시킬 수 있었으며, 또 그녀가 다른 쾌락을 소유하고 있었기 때문에 식탁에 오르는 음식에 그다지 관심을 두지 하지 않았던 시절을 말한다.

한편, 사람들은 날마다 실망하게 되면 날마다 성질이 악하게 되므로 그녀가 고용한 요리사들은 그만 두겠다고 말하고, 친구들과의 우정도 식어진다.

혹 원수가 그녀로 하여금 자신이 지나치게 음식에 관심을 가지고 있는 것이 아닌지 생각하게 만들 경우, 글루보스는 그녀 자신은 어떤 음식을 먹어도 괜찮지만 아들을 위해서는 훌륭한 음식을 마련해야 한다고 제안함으로서 대항한다. 물론 실제로는 여러 해 동안 그녀의 가정이 평안치 못했던 주된 원인 중 하나는 그녀의 탐식이었다.

네 환자의 어머니는 이런 사람이다. 그러므로 너는 다른 전선(戰線)에서 정당하게 열심을 다해 일하면서, 동시에 그에게 탐식과 관련된 것을 주입하는 것을 게을리 해서는 안 된다. 그는 남성이기 때문에 "내가 원하는 것은 단지…"라는 핑계에 쉽게 잡히지 않을 것이다.

　남자들은 허영심의 도움을 받을 때 가장 쉽게 탐식을 하게 된다. 우리는 그들로 하여금 자신이 음식에 대해 잘 알고 있다고, 도시에서 진짜로 스테이크를 제대로 만드는 유일한 음식점을 알아냈다는 것을 자랑하게 만들어야 한다. 처음에는 허영심으로 시작하지만 점차 습관으로 변화시킬 수 있다.

　그러나 네가 그에게 접근할 때에 가장 중요한 것은 그로 하여금 샴페인이든 차든 담배든 자신이 좋아하는 것 한 가지를 부인하는 상태로 이끌어가야 한다는 것이다. 그렇게 되면 그의 사랑, 공의, 순종이 모조리 네 수중에 들게 된다.

　단지 음식을 지나치게 많이 먹는 것은 미식만큼 가치 있는 일은 아니다. 탐식의 주된 용도는 정절을 공격하기 위한 무기를 준비하는 것이다. 다른 모든 주제는 물론이요 이 주제와 관련하여 네 환자를 거짓된 영성의 상태에 붙들어 두어라. 그가 내과적인 면에 관심을 갖지 못하게 해라.

　지난 24시간 동안 자신이 무엇을 먹고 마셨는지에 대한 간단한 질문 때문에, 그가 너의 공격 수단이 어디에서 온 것인지를 깨닫게 되고 결과적으로 약간의 절제를 함으로서 너의 정찰 체계가 위험하게 될 때에는 그로 하여금 자신이 교만이나 신앙의 결핍 때문에 네 수중에 떨어진 것이 아닌지 의심하게 만들어라.

　만일 그가 정절이라는 내적인 측면에 대해 생각해야만 한다면, 우리가 영국인들로 하여금 믿게 만든 커다란 거짓말, 즉 과도한 육체 운동과 그로 말미암은 피로가 특히 이 덕에 유익하다는 생각을 주입하여라. 그러면 그들은 무척 힘든 생활을 하는 선원들과 군인들이 무척 정욕이 강하다는 것을 알고 있는데, 어떻게 이것을 믿겠느냐고 질문할 수도 있을 것이다. 우리는 실제로는 오락을 하기 위한 핑계로 사용하려는 목적으로 정절에 관심을 가지고 있으면서 오락을 정절을 지키기 위한 보조 수단이라고 추천하는 교사들을 사용하여 그 이야기를 퍼뜨렸다. 이 모든 일은 편지의 끝머리에서 다루기에는 너무나 중요한 일이다.

사랑하는 삼촌
스크류테입

18.
결혼의 유일한 조건은 사랑이라고 여기게 만들라

사랑하는 웜우드에게,

너는 대학에서 슬럽곱(Slubgob) 문하에 있을 때, 성적으로 유혹하는 기술을 배웠어야만 했다. 우리 같은 영들에게 있어서 이 주제는 (비록 우리의 교육 과정의 일부로서 반드시 필요한 것이기는 하지만) 무척 지겨운 것이기 때문에 나는 그냥 지나치겠지만, 여기에 관련된 광범위한 문제들에 관해서 네가 배워야할 것이 많다고 생각한다.

원수가 인간들에게 요구하는 것은 양도 논법(兩刀論法)의 형태를 취한다. 즉 원수는 인간에게 완전한 금욕이나 순전한 일부일처제를 요구한다. 우리 아버지께서 최초의 위대한 승리를 거둔 후로 우리는 인간들에게 완전한 금욕은 성취하기에 대단히 어려운 것이라는 인상을 주었다. 과거 몇 백년 동안 우리는 후자(일부일처제)를 하나의 도피 방법으로 결론지어 왔다.

우리는 시인들과 소설가들을 통하여 인간들의 표현대로 하자면 "연애"라는 기이하고 단명(短命)한 경험이 유일하고도 훌륭한 결혼의 근거라고 인간들을 설득함으로써 이 일을 행해왔다. 즉 결혼은 이러한 흥분 상태를 영구적인 것으로 만들 수 있고, 또 반드시 그렇게 되어야 하며, 그렇지 못한 결혼은 구속력을 갖지 못한다는 것이다. 이러한 사상은 원수에게서 비롯된 사상을 조롱하여 모방한 것이다.

지옥의 철학 원리는 사물들은 각기 다른 것이며, 특히 한 사람의 자아는 다른 사람의 자아와 별개의 것이라는 원리에 의존하고 있다. 나의 행복은 나의 것이요, 너의 행복은 너의 것이다. 한 사람이 무엇을 얻으면, 누군가 상실하는 사람이 있는 법이다. 심지어 무생물이라도 자신이 점유하고 있는 공간에서 다른 사물들을 제거함으로써 현재의 상태로 존재하는 것이다. 그것들은 다른 사물들을 밀쳐내거나 흡수함으로써 팽창한다.

생물들의 경우에도 마찬가지이다. 동물들의 경우에는 흡수라는 것이 먹는 형태를 취하며, 우리 같은 악령들의 경우에는 강한 것이 연약한 것의 자유와 의지를 빨아 들이는 것을 의미한다. "존재한다"는 것은 곧 "경쟁 상태 안에 있다"는 것을 의미한다.

그런데, 원수의 원리는 이 명백한 진리를 계속 회피하려는 시도라고 밖에 할 수 없다. 그는 모순된 것을 목표로 한다. 사물들은 많으면서도 하나여야 한다. 또 한 존재의 행복은 다른 존재의 행복이 되어야 한다. 이처럼 불가능한 것을 그는 "사랑"이라고 부르는데, 그가 행하는 모든 일과 그의 존재 전체에서 이 단조로운 만병통치약을 감지할 수 있다.

원수 자신도 순전히 수학적인 결합에 만족하지 않는다.

그는 자신이 셋이면서 동시에 하나라고 주장하는데, 이것은 사랑에 대한 이러한 허튼 소리의 발판을 자신의 본질 속에서 발판을 발견하기 위한 것이다.

한편 그는 물질계에 유기체라는 음탕한 발명품을 도입하였는데, 유기체 안에 있는 각 부분들은 원래 서로 경쟁하게 되어 있는 자신의 운명에서 벗어나 서로 협력하게 만들어졌다.

원수가 인간들 사회에서의 재생산의 방법으로서 성(性)에 초점을 둔 진정한 동기는 그가 그것을 사용하는 방법을 보면 분명히 알 수 있다. 우리의 관점에서 볼 때, 성은 극히 무죄한 것이며, 강한 자가 약한 자를 약탈하는 방법의 한 가지 형태일 뿐이다. 거미의 세계에서 암거미는 자기의 신랑을 먹어 치움으로써 결혼식을 마친다.

그런데 원수는 쓸데 없이 인간들의 경우에는 남녀의 애정에 성적 욕망을 결합하여 놓았고, 또 자손들로 하여금 부모를 의지하게 하고 부모에게는 자손을 부양하려는 충동을 주었다. 그리하여 가족이라는 것이 생겨났는데, 그것도 역시 모든 면에서 유기체와 비슷하지만 오히려 유기체보다 더 나쁘다. 왜냐하면 가족의 구성원들은 더욱 독특한 개체이면서도 보다 의식적이고 책임있는 방법으로 결합되기 때문이다. 사실상, 모든 것은 오직 사랑 안에서 억지로 끌고 가기 위해 고안된 장치로 판명된다.

우습게도 원수는 결혼한 부부를 "행복한 부부"라거나 "사랑하기 때문에 결혼한 사람들"이라고 말하지 않고 "한 몸"이라고 표현했다. 그러나 너는 인간들로 하여금 그것을 무시하게 만들 수 있다. 또 너는 그들로 하여금 바울이라는 사람이 그것을 결혼한 부부에게 한정하지 않았다는 것을 망각하게 만들 수도 있다. 그에게 있어서는 단순한 남녀의 결합(교접)이 "한 몸"을 만든다.

너는 인간들로 하여금 성교(性交)의 중요성에 대한 묘사를 "연애"라는 수사학적 찬미로 여겨 받아들이게 만들 수 있다. 사실을 말하자면 한 남자가 여자와 잠자리를 함께 할 때에는 그들이 좋아하든지 좋아하지 않든지 그들 사이에는 영원히 즐기거나 참고 견뎌야할 초자연적인 관계가 형성된다는 것이다. 우리는 인간들로 하여금 이 초자연적인 관계가 애정과 가족을 이루어내기 위한 것이라는 참된 주장을 버리고 애정과 두려움과 욕망의 혼합물인 소위 연애라는 것만이 결혼을 행복하거나 거룩한 것으로 만들 수 있다는 그릇된 신념을 이끌어내게 만들 수 있다.

유럽에서는 흔히 원수의 계획에 순종하여, 즉 성실함과 선의와 다산(多産)의 의도를 가지고서 연애가 결혼으로 이어지기 때문에 이러한 그릇된 신념을 쉽게 만들어낼 수 있다. 이것은 항상 그런 것은 아니지만 종종 종교적인 감정에 회심이 수반되는 것과 마찬가지 원리이다.

다시 말하자면, 우리는 인간들로 하여금 원수가 결혼의 결과로서 약속한 것이 아니라 그것을 크게 채색하고 왜곡한 것을 결혼의 기초로 여기게 만들어야 한다. 여기에는 두 가지 이점이 있다.

첫째, 금욕의 은사를 갖지 못한 인간들로 하여금 자신이 연애을 하지 않는다는 이유로 결혼을 하나의 해결책으로 추구하지 못하게 만들 수 있다. 다행히도 그들은 그 외의 다른 동기에서 결혼한다는 것은 저급하고 냉소적인 생각이라고 여긴다. 그들은 상호간의 도움, 순결의 보존, 생명의 전달을 위해 동반자 의식에 충실하려는 의도를 감정의 격동보다 저급한 것으로 여긴다. (네 수중에 있는 사람이 결혼 의식을 대단히 불쾌한 것이라고 여기게 만드는 일을 소홀히 하지 말아라.)

  둘째, 결혼을 목표로 하는한, 성에 심취하는 것은 모두 사랑으로 간주될 것이며, 또 사랑은 사람이 이교도나 바보나 방탕한 사람과 결혼하는 일로 인한 죄책에서 벗어나기 위한 구실이 되며 그에 따른 모든 결과로부터 그를 보호해 줄 것이다. 이것에 대해서는 다음에 더 이야기하기로 하자.

사랑하는 삼촌
스크류테입

19.
연애라는 감정을 유익하게 활용하라

사랑하는 웜우드에게,

나는 네가 지난 번 편지 끝 부분에서 한 질문에 대해 곰곰히 생각해 보았다. 내가 설명한 바와 같이 모든 존재들이 본질적으로 경쟁 상태 속에 있으므로 사랑에 대한 원수의 생각이 분명히 모순일진대, 그가 진정으로 인간이라는 해충을 사랑하고 있으며 그들의 자유와 계속적인 생존을 원한다는 나의 거듭된 경고는 어찌 되는가?

사랑하는 조카여, 내 편지들을 다른 사람들에게 보여 주지 않았기를 바란다. 물론 그것이 문제가 되지는 않는다. 누구라도 내가 순전히 우발적으로 그러한 이론(異論)에 빠졌다는 것을 알 것이다. 그러나 내가 슬럽곱(Slubgob)에 대해 비난조로 말한 것은 우스개소리였다는 것을 알아 주기를 바란다. 나는 그를 몹시 존경하고 있다. 물론 너를 관헌으로부터 보호해주지 않겠다고 한 것도 역시 우스개로 한 말이었다. 내가 너의 권리를 지켜 줄 것이라고 기대해도 좋다. 그러니 제발 모든 것을 안전하게 보존해 두거라.

사실, 나는 부주의 때문에 원수가 진실로 인간들을 사랑한다고 말하는 실수를 범했다. 물론 그것을 있을 수 없는 일이다. 원수는 하나의 존재이며, 인간들은 그와는 별개의 존재이므로 그들의 행복이 그의 행복이 될 수는 없다.

  사랑에 대한 그의 말은 모두 무엇인가를 가리기 위한 구실임이 분명하다. 그가 인간을 만들고 그들을 위해 많은 수고를 하는 참된 동기가 있을 것이다. 인간들 중에 원수가 이처럼 불가능한 사랑을 소유하고 있다고 말하는 사람이 있는 것은 우리가 그 진정한 동기를 발견해내지 못한데 그 이유가 있다. 원수가 인간을 만드는데는 비용이 얼마나 들었는가? 그것은 풀 수 없는 문제이다. 이것이 우리 아버지가 원수와 말다툼을 한 주요 원인이었다고 너에게 말해주는 것이 해로운 일이라고는 생각하지 않는다.

  인간의 창조가 처음으로 논의 되었을 때, 그리고 그 단계에서 원수가 십자가에 대한 에피소드를 예견했다고 거리낌 없이 고백했을 때, 우리 아버지는 그를 접견하여 설명을 요청했다. 그러나 원수는 자신이 계속 퍼뜨려온바 사심 없는 사랑에 대한 엉터리 이야기를 할 뿐 달리 대답을 하지 못했다. 우리 아버지는 이것을 자연스럽게 받아들일 수 없었다.

  그는 원수에게 계획을 공개하라고 간청하고 온갖 기회를 주었다. 그는 자신이 그 비밀을 알게 되는 것을 진정으로 두려워한다고 인정했으며, 원수는 "나는 진심으로 네가 두려워하기를 원한다"고 대답했다.

  이 접견에서 원수가 자신감의 결핍을 나타냈기 때문에 불쾌감을 느낀 우리 아버지는 원수가 있는 곳으로부터 멀리 떠나가게 되었는데, 이것 때문에 우리 아버지가 강제로 천국에서 쫓겨났다는 우스꽝스러운 이야기가 생겼다고 생각한다.

　그 이후로 우리는 우리를 압제하는 자에게 비밀이 많은 이유를 깨닫기 시작했다. 그의 보좌는 비밀에 의존하고 있다. 그의 당원들은 만일 그가 사랑이라고 말하는 의미를 우리가 이해하게 되면 싸움은 끝나고 우리는 다시 천국에 들어가게 될 것이라고 말해왔다.

　그러나 여기에 커다란 숙제가 있다. 우리는 그가 진정으로 사랑할 수 없다는 것을 알고 있다. 아무도 진정으로 사랑할 수는 없다. 그것은 사리에 맞지 않는다. 그가 진정으로 무슨 일에 종사하고 있는지 찾아낼 수 있다면 얼마나 좋겠느냐! 우리는 계속 여러 가지를 가정해 보았지만 아직 찾아내지 못했다. 그러나 결코 희망을 잃어서는 안된다. 더욱 더 복잡한 이론들, 보다 충분한 자료의 수집, 그것을 찾는 일에 있어 진보를 이룬 사람에 대한 충분한 보상과 실패한 사람에 대한 무서운 형벌 등을 끝까지 추구하고 추진한다면 성공하지 못할 리가 없다.

　너는 지난 번에 내가 인간이 연애를 하는 것이 바람직한 상태인지 아닌지 분명하게 설명하지 못했다고 불평했다. 웜우드야, 그러나 그것은 인간들이 해야할 질문이다! 사랑, 애국심, 독신주의, 제단에 촛불을 켜는 것, 절대 금주(禁酒), 또는 교육이 선한 것인지 나쁜 것인지에 대해서는 인간들로 하여금 논하게 내버려 두어라. 거기에 대해서는 해답이 없다는 것을 너는 알지 못하느냐?

　주어진 상황 속에서 특정의 환자로 하여금 특정의 순간에 원수에게 가까이 가게 하거나 우리에게 가까이 오게 하는데에는 주어진 마음 상태가 지닌 경향만이 문제가 된다. 그러므로 사랑이 선한 것인지 나쁜 것인지는 환자 스스로 결정하게 하는 것이 좋다. 만일 그가 허약함에 기초를 둔 육체를 순결이라고 오해하여 육체를 경멸하는 오만한 사람이라면, 그리고 대부분의 동료들이 인정하는 것을 조롱하는데서 기쁨을 느끼는 사람이라면, 그로 하여금 사랑을 대적하는 결정을 하게 내버려 두라. 그에게 거드럭거리는 금욕주의를 주입해라. 그리고 나서 성욕을 고상하게 만들 수 있는 모든 것들로부터 그의 성욕을 분리시킨 후에 훨씬 더 동물적이고 냉소적인 형태의 성욕을 그에게 제공해라.

반대로 그가 감정적이고 쉽게 속는 사람이라면, 삼류 소설가나 시인들의 시들을 읽게 하여 사랑은 저항할 수 없는 것이며 본질적으로 찬미할 만한 것이라고 믿게 만들어라. 물론 이러한 신념이 일시적인 부정(不貞)을 만들어내는 데는 그다지 도움이 되지 않는다는 것을 인정한다. 그러나 그것은 지속적으로 고상하고 낭만적이고 비극적인 간음과 죽음, 그리고 일이 잘 될 경우에는 살인과 자살이라는 결과를 만들어낼 수 있는 좋은 처방이다.

그 일에 실패할 경우, 그것은 환자로 하여금 우리에게 유익한 결혼을 하게 만드는데 사용될 수도 있다. 결혼이란 비록 원수가 고안해낸 것이기는 하지만 우리에게도 소용이 있는 것이기 때문이다. 네 환자의 이웃에는 네 환자의 배필이 될 경우, 그로 하여금 신앙생활은 지극히 어려운 것이라고 여기게 만들 처녀들이 여럿 있다. 다음 번 편지에는 이 주제에 대해 보고해 주기를 바란다.

한편, 연애라는 상태는 본질적으로 우리에게 유리할 수도 있고 원수에게도 유리할 수 있다는 것을 분명히 기억해 두어라. 그것은 우리와 원수가 각기 자신에게 유익하게 활용하려고 노력하고 있는 문제에 불과하다. 영적인 관점에서 볼 때, 그것은 건강과 질병, 젊음과 늙음, 전쟁과 평화 등 인간이 흥분하는 여러 가지 문제들과 마찬가지로 우리도 사용할 수 있고 원수도 사용할 수 있는 원료이다.

너의 다정한 삼촌,
스크류테입

20.
그릇된 배우자를 선택하도록 유도하라

사랑하는 조카에게,
 원수가 네 환자의 정절에 대한 너의 노골적인 공격을 종식시켰다는 사실로 인해 나는 지극히 불쾌하게 느끼고 있다. 너는 그가 언제나 마지막에는 그렇게 행한다는 것을 알고 그 단계에 이르기 전에 멈추었어야 했다.

 의례히 그렇듯이, 이제 네 환자는 이러한 공격들이 영원히 지속되지 않는다는 위험한 진리를 발견해냈다. 따라서 너는 결국 우리의 최선의 무기—우리를 도저히 제거할 수 없으며 결국 우리에게 굴복할 수 밖에 없다는 인간들의 무지한 신념—을 다시는 사용할 수 없다. 너는 아마도 정절이란 건전치 못한 것이라고 그를 설득했을 것이다.

 너는 아직 그의 이웃에 있는 처녀들에 대해 보고하지 않고 있는데 즉시 보고해 주기를 바란다. 왜냐하면 만일 우리가 그의 성욕을 그를 부정(不貞)하게 만들기 위해 사용할 수 없다면, 우리에게 바람직한 결혼의 촉진을 위해 그것을 사용해야 하기 때문이다. 만일 그가 연애를 하는 것을 우리에게 유리하게 사용할 수 있다면, 어떤 타잎의 여자와 연애를 하는 것이 좋은지 가르쳐 주겠다.

 물론 너나 나보다 훨씬 더 깊은 지하세계에 있는 영들은 우리를 위해 이 문제를 거칠게 결정짓는다. 어느 시대에나 성적 취향이라고 불리우는 것을 전반적으로 오도(誤導)하는 것이 이 위대한 대가들이 하는 일이다. 그들은 유행을 창조하는 소규모의 인기 예술가, 의상 디자이너, 여배우, 광고 업자들을 통하여 이 일을 행한다. 이렇게 하는 목표는 남성이나 여성으로 하여금 서로에게 도움이 되고 행복하며 유익한 결혼생활을 할 수 있는 상대와 접촉하지 못하게 하려는 것이다.

 우리는 수백년 동안 모든 여성들이 남성의 이차적인 특색(예를 들면, 구레나룻)에 호감을 갖지 않게 하는데 성공했다. 또 남성들의 취향도 많이 변화시켰다. 한 때 우리는 남성들로 하여금 균형이 잡히고 귀족적인 형태의 미를 선호하게 만들고 거기에 남성의 욕망과 허영심을 혼합하여, 인류로 하여금 지극히 오만하고 방탕한 여인들에게서 후손을 얻도록 장려하였다. 또 한 때에는 지극히 여성적이고 가냘프고 연약한 형태의 아름다움을 선호하게 만들었으며, 따라서 어리석음과 비겁함, 그리고 그것들과 병행하는 온갖 종류의 편협한 마음과 거짓됨이 절정에 이르게 만든 적도 있다.

 그러나 지금 우리는 그와 반대가 되는 방침을 사용하고 있다. 왈츠의 시대가 지나고 재즈의 시대가 도래했으며, 우리는 이제 남성들에게 소년의 몸매와 거의 구별할 수 없는 몸을 가진 여성들을 좋아하게 만들고 있다. 이것은 다른 것들보다 훨씬 더 일시적인 아름다움이므로, 우리는 늙는 것에 대한 여성들의 고질적인 공포를 악화시키며(여기에는 많은 훌륭한 결과들이 따른다), 여인들로 하여금 어린 아이를 낳는 것을 원치 않으며 낳을 수 없게 만든다.

그것만이 아니다. 우리는 예술에서 진정한 나체는 아니지만 명백한 나체의 표현, 무대에서 나체로 공연하거나 해변에서 나체로 다니는 것을 허용하게 만들었다. 물론 그것들은 모두 가짜이다. 대중 예술에 등장하는 형상들은 거짓으로 그린 것이다. 수영복이나 타이츠를 입은 여인들은 원숙한 여인의 자연스러운 모습이 아니라 날씬하고 어린 모습을 원하여 몸을 움추리고 졸라맨다. 그런데 현대 세계는 그것이 솔직하고 건강하며 자연으로 돌아가는 것이라고 가르치고 있다.

결과적으로 우리는 남성들의 욕망들을 실제로 존재하지 않는 것에게로 인도하고 있다. 성적인 일에 있어서 눈의 역할을 더욱 중요하게 만들며, 동시에 그것이 요구하는 것을 얻는 것이 한층 더 불가능하게 만들고 있다. 그에 따른 결과가 어떤 것일지 너는 쉽게 예측할 수 있을 것이다!

그것이 현재 우리의 전반적인 전략이다. 너는 그 테두리 안에 있는 두 가지 중 한 가지 방향에서 네 환자의 욕망들을 권장할 수 있을 것이다.

만일 네가 인간의 마음을 세심하게 들여다 본다면, 그가 늘 최소한 두 종류의 여인—천상의 비너스와 지옥의 비너스—을 생각한다는 것, 그리고 그의 욕망은 그 대상에 따라 질적으로 달라진다는 것을 발견할 것이다. 여인을 향한 그의 욕망이 원수의 마음에 드는 것—사랑과 쉽게 섞이고, 쉽사리 결혼에 순종하고, 우리가 싫어하는 자연스러움과 경배의 황금빛으로 완전히 채색된 것—이 되게 만드는 여인이 있다.

반면에 그가 동물적으로 원하는 것, 그리고 동물적으로 원하기를 원하는 것, 그로 하여금 결혼하지 못하게 만들기에 가장 좋은 타잎, 또는 결혼 생활을 하면서도 마치 노예나 우상이나 공범자처럼 취급 당하는 형태의 여인이 있다.

첫째 유형의 여인을 향한 그의 사랑은 원수가 악이라고 부르는 것을 포함하지만 그것이 우발적인 일에 불과할 수도 있다. 그 사람은 그 여인이 다른 사람의 아내가 되지 않기를 원하며 자신이 그녀를 정당하게 사랑할 수 없음을 안타깝게 생각할 것이다.

그러나 두번째 유형의 여인의 경우에, 그가 느끼는 악은 그 자신이 원하는 것이다. 그가 추구하는 것은 그 속에 들어 있는 특유의 쏘는 맛이다. 그가 좋아하는 얼굴 표정은 눈에 보이는 동물성이나 실쭉함이나 교활함이나 잔인함이다. 그리고 그가 좋아하는 육체는 그가 일반적으로 미라고 부르는 것과는 전혀 다른 것, 정상적으로 생각하면 그 자신도 추함이라고 묘사할 종류의 것이다. 그러나 우리가 솜씨를 발휘하면 그것들은 그의 개인적인 강박관념이라는 거친 용기에 작용하게 될 수 있다.

물론 지옥의 비너스의 진정한 용도는 매춘부나 첩이다. 그러나 만일 네 환자가 기독교인으로서 불가항력적이고 모든 것을 용서하는 사랑에 대한 허튼 소리 속에서 교육을 받아왔다면, 그를 유혹하여 그녀와 결혼하게 할 수 있다. 그것은 가치가 있는 일이다.

간음이나 매춘을 하게 만드는 일에 실패할 경우, 간접적으로 인간의 성욕을 그의 파멸의 원인으로 사용하는 방법들이 있다. 그것들은 효과가 있을 뿐 아니라 즐겁기도 하다. 또 그것들이 만들어내는 불행은 대단히 지속적이며 반드시 필요한 것이다.

사랑하는 삼촌
스크류테입

21.
"내 것"이라는 소유의식을 강화하라

사랑하는 웜우드에게,

비록 부차적인 것이기는 하지만 환자의 까다로운 성격을 공격하는데 있어서 우리가 활동하기에 가장 좋은 기간은 그가 성적인 유혹을 당할 때이다. 환자가 이러한 공격을 부차적인 것이라고 생각하는한 그것은 주된 공격이 될 수도 있다. 그러나 다른 모든 일에서와 마찬가지로 여기에서도 너는 그의 지성을 어둡게 함으로써 도덕적 공격을 준비해야 한다.

인간은 단순히 불행한 일을 당하는 것만으로는 노하지 않는다. 그들은 자신의 권리 침해라고 생각되는 불행을 당할 때에 노한다. 그리고 이러한 위해(危害) 의식은 자신의 합법적인 권리가 부인되었다는 감정에 기초를 둔다. 그러므로 네 환자가 생활과 관련하여 많은 권리를 주장할수록 그는 더욱 빈번하게 위해감을 느낄 것이며, 결과적으로 자주 화를 낼 것이다.

그로 하여금 자기 마음대로 보낼 수 있다고 생각했던 시간을 예기치 않게 박탈 당했다고 생각하게 만들면 그는 아주 쉽게 화를 낼 것이다. 고요하게 저녁 시간을 보내려는데 예기치 않게 손님이 찾아올 때, 또는 친구와 단 둘이서 은밀하게 이야기를 하려는데 부인이 수다를 떨어 방해를 하는 것을 예로 들 수 있을 것이다.

네 환자는 아직은 이처럼 작은 예의를 요구하는 일들이 본질적으로 지나치다고 여길 만큼 무자비하거나 나태하지 않다. 그는 자신의 시간이 도둑질 당했다고 생각하기 때문에 그러한 일에 대해 화를 내는 것이다.

그러므로 너는 그가 마음 속으로 계속 "내 시간은 내 마음대로 할 수 있다"라는 기이한 생각을 하도록 만들어야 한다. 그로 하여금 자신에게는 하루 24시간을 자기 뜻대로 다룰 합법적인 권리가 있다고 느끼게 만들어라. 이 재산 중에서 자신의 고용주들에게 양도하는 몫을 중한 세금이라고 생각하며 종교적 의무를 행하기 위해 시간을 바치는 것은 아주 관대한 증여 행위라고 여기게 만들어라. 그러나 이런 것들을 공제하기 전의 시간 전체는 자신이 날 때부터 가지고 있는 권리라는 사실에 대해서는 전혀 의심하지 못하게 해야 한다.

여기에 네가 해야할 미묘한 과업이 있다. 우리가 그로 하여금 계속 생각하게 만들려 하는 억측은 지극히 어리석은 것이기 때문에, 그가 그것에 대해 의심을 품을 경우에 우리는 그것을 방어할 논증을 발견할 수 없을 것이다.

인간은 일 분 일 초도 만들어내거나 보유할 수 없다. 그것은 순수한 선물로서 그에게 임한 것이다. 시간을 자기의 것이라고 생각하느니 차라리 해와 달을 자신의 소유라고 생각하는 편이 나을 것이다.

또 그는 이론상으로는 원수를 섬기는 일에 완전히 전념하고 있다. 만일 원수가 육체적인 형상으로 그에게 나타나 하루를 완전히 자기에게 바치라고 요구한다면 그는 거절하지 않을 것이다. 그 하루에 어리석은 여인의 이야기에 귀를 기울이는 것보다 어려운 일만 포함되지 않는다면 그는 크게 안도감을 느낄 것이며, 만일 그 하루 중 반 시간 동안이라도 하나님이 "이제 가서 네 마음대로 즐겨도 좋다"고 말한다면 그는 거의 낙심할 지경에 이를 것이다.

만일 그가 잠시라도 자신이 품고 있는 억측에 대해 생각해 본다면, 실제로 자신이 날마다 이러한 상황에 있다는 것을 깨달을 것이다. 그러므로 그로 하여금 이러한 억측을 계속하게 하려는 의도로 그에게 그 억측을 변호하는 논증들을 제공해서는 안된다. 네가 해야할 과업은 완전히 부정적인 것이다. 그로 하여금 그와 비슷한 생각도 하지 못하게 하거라. 그것의 주위를 어두움으로 감싸며, 그 어두움의 중앙에 자신이 시간의 소유주라는 의식이 전혀 의심을 받지 않은 채 고요히 자리잡고 활동하게 만들어라.

일반적으로 우리는 소유의식을 권장해야 한다. 인간들은 천국이나 지옥에서 볼 때에는 우스꽝스러운 소유권을 주장하고 있는데, 우리는 그들로 하여금 계속 그러한 주장을 하게 만들어야 한다.

오늘날 정절에 대한 저항의 대부분은 사람들이 자신의 육체는 자기의 것이라는 생각—그 방대하고 위험한 재산, 세계를 만든 에너지를 가지고 박동하는 육체의 소유주가 자신이라는 신념—에서 비롯된다. 그러나 실상 그들은 자신의 동의 없이 그 세계 안에 있으며, 다른 존재의 뜻에 따라 그곳에서 축출된다! 그것은 다음과 같은 경우로 비유할 수 있을 것이다. 어느 임금이 사랑하는 어린 왕자를 큰 지방의 명목상의 통치자로 임명하고는 실제로는 지혜로운 고문관으로 하여금 그 고을을 다스리게 했다면, 그 어린 왕자는 자기 방에 있는 장난감을 소유하는 것과 똑 같은 방식으로 그 지방의 도시들과 숲과 곡식을 소유하고 있다고 생각할 것이다.

우리는 교만에 의해서 뿐만 아니라 혼동에 의해서 이러한 소유의식을 만들어낸다. 우리는 그들이 소유 대명사의 다양한 의미들—"내 강아지" "내 하인" "내 아내" "내 아버지" "내 주인" "내 조국" "내 장화"에서부터 시작해서 "나의 하나님"에 이르는 여러 등급의 소유격의 차이를 의식하지 못하게 해야 한다. 우리는 그들로 하여금 이 모든 것의 의미를 "내 장화"라고 말할 때에 느끼는 소유의식 수준에 묶어 두게 만들어야 한다. 놀이방에 있는 어린 아이에게 있어 "내 장난감 곰"이라는 것은 특별한 관계에 있는 애정의 수령자라는 의미가 아니라(만일 우리가 조심하지 않으면 원수는 그들에게 이러한 의미를 가르칠 것이다) "내가 원하기만 하면 찢어버릴 수도 있는 곰"이라는 의미라고 가르쳐 줄 수 있다.

한편 우리는 사람들이 "내 장화"라고 말할 때와 별로 다르지 않은 의미에서 "나의 하나님"이라고 말하도록, 즉 "내가 드린 예배에 대한 보상을 요구할 수 있는 대상이요, 내가 강단으로부터 설교를 듣고 이용할 수 있는 대상인 하나님—내가 매점(買占)한 하나님"이라는 의미에서 말하도록 가르쳐 왔다.

우스운 것은 어떤 대상에 대해 완전항 소유의 의미에서 "나의 것"이라는 단어를 사용할 수 있는 인간이 없다는 것이다.

결국 우리의 대왕이나 우리의 원수 하나님은 존재하는 개개의 사물, 특히 각각의 인간에 대해 "나의 것"이라고 말하게 될 것이다. 결국 인간은 자신의 시간과 영혼과 육체가 진실로 누구의 것인지를, 즉 자신의 것이 아니라는 것을 발견하게 될 것이다. 현재 원수는 자신이 만물을 만들었다는 현학적이고 법적인 근거에서 만물을 "나의 것"이라고 말한다. 그러나 우리의 대왕은 결국 만물을 정복했다는 보다 현실적이고 역동적인 근거에서 그것들을 "나의 것"이라고 말하게 되기를 바라고 계시다.

다정한 너의 삼촌
스크류테입

22.
경건한 신자의 집의 출입을 금하라

사랑하는 웜우드에게,
 네 환자는 지금 연애를 하고 있다. 그런데 그가 사랑하는 여인은 네 보고서에는 한번도 등장하지 않았던 인물이며, 이것은 아주 좋지 않은 일이다. 너는 내 편지 중에서 비밀경찰에 대한 몇 가지 부주의한 표현에 대해 약간 오해하고 문제를 제기하려 했었는데, 그 일이 해결되었다는 것을 알아두는 것이 좋을 것이다. 네가 나의 훌륭한 업무들을 견고하게 하기 위해서 그런 생각을 했다 해도, 그것은 잘못된 일이다. 너는 네가 범한 다른 잘못들을 물론이요 그것에 대한 대가도 치르게 될 것이다. 방금 출판된 무능한 미혹자들이 들어갈 새로운 감옥에 대한 소책자를 동봉한다. 그 책에는 예가 풍부하게 들어 있으므로 전혀 지루하지 않을 것이다.
 나는 네 환자의 애인에 대한 서류를 들쳐 보고서 크게 놀랐다. 그녀는 단순한 기독교인이 아니라 악하고 비열하고 선웃음을 지으며 점잔을 빼며 푸접없고 생쥐 같고 눈물이 많고 무가치하고 순결하고 순진한 아가씨이다! 그녀는 작은 야수이다! 그녀를 생각하면 토할 것 같다. 그녀에 관한 서류를 보노라면 욕지기가 나고 악취가 나는 것 같다. 세상이 악화되는 것을 보면 나는 미칠 것 같다.

옛날에 우리는 그녀를 원형 경기장으로 데려갔었다. 그곳은 그녀와 같은 사람들을 위해 만들어진 곳이다. 물론 그녀가 그곳에서 많은 유익을 주기 때문은 아니다. 그녀는 피를 보면 기절할 것 같은데도 미소를 지으며 죽으려 하는 두 얼굴을 가진 사기꾼이다. 그녀는 완전한 사기꾼이다. 그녀는 시치미를 떼지만 풍자적인 지혜를 가지고 있다. 그녀는 나를 우습게 여기는 부류의 사람이다. 그녀는 불결하고 재미없으며, 숙녀인 체하지만 다른 모든 암컷들과 마찬가지로 이 바보의 팔에 안길 준비가 되어 있다. 원수는 동정(童貞)에 그처럼 환장하고 있으면서도, 왜 그녀를 저주하지 않고 웃으며 바라보고 있는지 모르겠다.

우리의 원수는 내심으로는 쾌락주의자이다. 금식과 철야와 화형과 십자가 등은 모두 형식에 불과하다. 아니면 바닷가에 있는 물거품이다. 그의 바다에는 즐거움이 많다. 그는 그것을 비밀로 하지 않는다. 그의 오른 손에는 "영원한 즐거움"이 있다. 나는 우리가 만들어내는 가혹한 비밀을 그가 조금이라도 눈치채고 있다고 생각하지 않는다. 그는 속물이다. 그는 부르조아 정신을 가지고 있다. 그는 자신의 세계를 즐거움들로 가득 채웠다.

인간들은 잠자거나 세수하거나 먹고 마시거나 사랑을 하거나 놀거나 기도하거나 일하거나 종일 그를 염두에 둔다. 모든 것은 우리에게 유익한 것이 되기 전에 왜곡되어진다. 따라서 우리는 대단히 불리한 위치에서 싸우고 있다. 본래 우리 편에 있는 것은 하나도 없다. (그러나 그것을 구실로 삼지는 말아라. 나는 금명간 너와 담판을 짓겠다. 너는 항상 나를 미워했으며, 오만한 행동을 해왔다.)

그는 애인의 가족과 그 친족들을 사귀기 시작했다. 그가 그녀의 집에 출입하지 못하게 해야 한다는 것을 너는 알지 못했느냐? 그곳은 온통 질식할 것 같은 냄새로 가득하다. 정원사는 그곳에서 일한지 5년 밖에 되지 않았는데도 그것에 익숙해져 있다. 주말에 그곳을 방문하는 손님들도 그 냄새를 다른 곳으로 퍼뜨린다. 개와 고양이에게도 그 냄새가 배어 있다. 그곳은 불가해한 신비가 가득찬 집이다.

우리는 그 집에 살고 있는 가족들은 모두 어떤 방법으로인지 다른 사람들을 이용한다고 확신하지만 그 방법이 무엇인지는 알아내지 못하고 있다. 원수가 사심없는 사랑이라는 구실 뒤에 숨겨져 있는 비밀을 지키듯이, 그들도 열심으로 그것을 지킨다. 그 집 전체와 정원은 하나의 방대한 음란이다. 그것은 어느 인간이 천국에 대해 묘사한바 "그것은 오직 생명만 있는 곳이며, 따라서 음악이 아닌 것은 모두 침묵이다"라는 묘사와 흡사하다.

음악과 침묵—나는 그것들 모두를 몹시 싫어한다. 우리의 대왕이 지옥에 들어간 이후로 한 치의 지옥 공간과 한 순간의 지옥의 세월도 혐오스러운 세력들에게 굴복하지 않고 소음, 장대한 활력, 온갖 의기양양하고 무자비하고 힘찬 것들이 표현된 소리, 어리석은 불안, 절망적인 거리낌, 불가능한 욕망들로부터 우리를 방어해줄 수 있는 소음에 점유되어 왔다. 우리는 종국에는 온 우주를 하나의 소음으로 만들 것이다. 이미 지구와 관련하여 우리는 이 일에 큰 진전을 이

룩하였다. 결국 우리는 고함쳐서 하늘나라의 선율과 침묵을 물리칠 것이다. 우리가 아직은 그다지 큰 소리를 내지 못하고 있음을 나는 인정한다. 그러나 연구가 진행되고 있으니 그 동안 너는 약간 싫더라도….

(여기에서 편지는 끊어졌다가 다른 필체로 다시 계속된다.)

나는 한창 형태를 갖추는 중에 부주의하게도 커다란 지네의 형상을 취하게 되었다. 따라서 나는 내 비서로 하여금 나머지를 받아쓰게 하였다. 이제 나의 변형은 완성되었는데, 나는 그것을 일시적인 현상이라고 생각한다. 이러한 소문이 인간에게 전달되었으므로 밀튼의 시에서는 그러한 형상의 변화를 원수가 우리에게 부과한 벌이라고 왜곡하여 표현하였다. 그러나 프셔(Pshaw)라는 이름을 가진 현대의 작가는 진리를 파악했다. 변형은 내부로부터 진행되는데, 그것은 우리의 대왕이 자신 이외의 대상을 예배하기를 원할 때, 그 예배의 대상이 될 창조적 생명력의 영광스러운 표명이다. 지금 이러한 형상을 지니고 있는 나는 너를 더욱 만나보고 싶고, 또 확고한 포옹으로 너와 결합하고 싶다.

지극히 높으신 스크류테입 차관(次官)을 대신하여
토드파이프(Toadpipe) 씀

23.
역사적 예수라는 관념을 퍼뜨리라

사랑하는 웜우드에게,
네 환자는 애인과 그녀의 가족들로 말미암아 날이 갈수록 기독교인들에 대해 많은 것을 배우며, 그도 역시 총명한 기독교인이 되고 있다. 얼마 동안은 그에게서 영성을 제거하기가 불가능할 것이다. 그러므로 우리는 그것을 부패하게 만들어야만 한다. 너는 연병장에서 빛의 천사로 변형하는 훈련을 받았었는데, 이제 그것을 원수 앞에서 실천할 때가 되었다. 세상과 육은 우리를 실망시켰으나 제 삼의 능력이 남아 있다. 이 세번째 능력의 성공은 가장 영광스러운 것이다. 지옥에서는 타락한 성인이나 바리새인이나 종교 재판관이나 마술사가 평범한 폭군이나 방탕아보다 더 즐겁게 지낸다.

네 환자의 새로운 친구들을 둘러 보면서 나는 가장 훌륭한 공격의 포인트는 신학과 정치의 경계선이리라는 것을 알았다. 그의 친구들 몇은 자기가 믿는 종교의 사회적 역할에 대해 대단히 민감하다. 그것은 본질적으로는 우리에게 좋지 않은 현상이지만 우리는 그것을 유익하게 활용할 수 있다.

너는 많은 정치적 기독교인 작가들이 기독교가 잘못되기

시작했으며 기독교의 창시자가 최초에 만든 원리에서 떠나고 있다고 생각한다는 것을 발견할 것이다. 우리는 이러한 생각을 이용하여 원내의 개면에 추가되고 왜곡된 것을 깨끗이 제거함으로써 "역사적인 예수"라는 개념을 발견해내고, 또 모든 기독교 전통과 비교하도록 권장해야 한다.

지난 시대에 우리는 진보적이고 인문주의적인 경향에 입각하여 "역사적 예수"라는 관념의 형성을 촉진했었으나, 지금은 맑스주의적이고 파국적이고 혁명적인 경향에 입각한 새로운 "역사적 예수"라는 개념을 주장하고 있다.

우리는 약 30년을 주기로 하여 새로운 관념들을 형성하고 있는데, 여기에는 많은 유익이 있다. 첫째, 그것들은 사람들로 하여금 존재하지 않는 것에게 헌신하게 만든다. 왜냐하면 "역사적 예수"라는 것은 사실과 어긋나는 것이기 때문이다. 문서에는 역사적 예수들이 말하는 것만 기록되며 다른 것은 추가할 수 없다. 그러므로 어떤 점은 삭제하고 어떤 점은 강조함으로써, 또 많은 새로운 나폴레옹과 새로운 세익스피어와 새로운 스위프트를 만들어낼 추측에 의해서 각각의 새로운 "역사적 예수"를 문서들에게서 추출해내야 한다.

둘째, 그러한 해석을 하는 사람들은 특이한 이론 속에서 자기들이 주장하는 "역사적 예수"를 중요시한다. 역사적 예수는 교리를 널리 전파했었다고 생각되어진다. 우리는 그를 현대적 의미에서 "위대한 사람"—분리주의적이고 균형이 없는 사상적 경향의 종착점에 선 사람—만병통치약을 파는 괴짜로 만들어야 한다.

그렇게 함으로써 우리는 인간의 정신을 "스스로 존재하는 자"와 그가 행한 것으로부터 분산시킬 수 있다. 우리는 먼저 그를 유일한 교사로 만들고, 그 다음에는 그의 가르침과 다른 위대한 도덕가들의 가르침 사이에 있는 지극히 근본적인 공통점을 감춘다. 원수가 모든 위대한 도덕가들을 세상에 파견한 것은 우리가 숨기고 있는 도적적 상투어들을 인간들에게 알려 주기 위해서가 아니라 그것들을 인간들에게 상기시키고 다시 진술하기 위해서라는 것을 사람들이 눈치채게 해서는 안된다. 우리가 소피스트들을 만들면, 원수는 소크라테스와 같은 사람을 일으켜 그들에게 답변하게 한다.

우리가 역사적 예수관을 만드는 세번째 목표는 경건한 생활의 파괴이다. 인간들이 기도와 성례를 통해 경험하는 진정한 하나님의 임재 대신에 우리는 그럴 듯하고 관계가 멀고 희미하고 이상한 인물, 이상한 언어를 사용했으며 오래 전에 죽은 사람을 내세웠다. 사실 그러한 대상을 예배할 수는 없다. 너는 곧 자기가 만든 피조물로부터 찬송을 받는 창조주 대신에 어느 당파의 지도자로 인정되었으며 편파적인 역사가에 의해 탁월한 인물로 인정된 사람을 소유하게 된다.

네번째로, 그것이 묘사하는 예수는 사실과 어긋날 뿐만 아니라, 이런 종류의 종교는 또 다른 의미에서 역사를 부정한다. 예수의 전기(傳記)를 역사적으로 연구함으로써 원수의 진영에 들어간 국가나 개인은 없다. 사실 인간에게는 역사적 예수의 완전한 전기를 위한 자료가 제공되지 않았다. 초기의 개종자들은 부활이라는 역사적 사실, 그리고 그들이 지니고 있는 죄의식에 작용하는 구속이라는 신학적 교리에 의해 회심했었다. 그들은 "어느 위대한 사람"이 만들어낸

새롭고 진기한 것을 버린 것이 아니라 유모와 부모에게서 배운 평범하고 보편적인 도덕률을 버리고 회심하였다. 후일 "복음서"가 기록되었는데, 그것은 기독교인을 만들기 위해서가 아니라 이미 만들어진 기독교인들을 교육하기 위한 것이었다. 그러므로 어떤 점에서 보면 "역사적 예수"는 우리에게 위험한 것처럼 보이지만 우리는 그것을 권장해야 한다.

기독교와 정치의 일반적 연관에 관한 우리의 입장은 다소 미묘하다. 물론 우리는 인간이 자신의 신앙을 정치 생활에 흘러 들여 보내는 것을 원치 않는다. 왜냐하면 진정으로 공정한 사회와 흡사한 것이 세워지는 것은 우리에게는 큰 재앙이기 때문이다.

한편 우리는 인간이 기독교 신앙을 하나의 수단으로 취급하게 되기를 간절히 원한다. 물론 자신의 승진을 위한 수단으로 취급하는 것이 지극히 바람직하지만, 그렇지 못할 경우에는 사회 정의 등 무엇을 위해서라도 하나의 수단으로 취급하는 것이 좋다.

우리가 해야할 일은 인간들로 하여금 먼저 사회 정의는 하나님이 요구하는 것이므로 귀하다고 여기게 만드는 것이요, 그 다음에는 기독교 신앙이 사회 정의를 만들어낼 수 있다는 이유로 기독교 신앙을 귀하게 여기게 만드는 것이다. 왜냐하면 원수는 도구로 사용되지 않을 것이기 때문이다. 어느 국가나 개인이 선한 사회를 만들기 위해 신앙을 부흥시킬 수 있다고 생각하는 것은 천국 계단을 가장 가까운 곳에 있는 약국에 가는 지름길로 사용할 수 있다고 생각하는 것과 같다. 다행히도 인간들을 유혹하여 이 작은 모퉁이를 돌게 만들기는 무척 쉽다.

  오늘 나는 어떤 기독교 작가가 자신의 신앙과 동일한 신앙만이 옛 문화의 죽음과 새로운 문명의 탄생 속에서도 살아 남을 수 있다는 이유로 자신의 기독교 신앙을 추천한 글을 발견했다. 너는 이 작은 불화의 징조를 보느냐? 이것을 믿어라. 그러나 그것이 진실이라는 이유가 아니라 다른 이유에서 믿어라. 그것이 정당한 방법이다.

사랑하는 너의 삼촌
스크류테입

24.
자기의 신앙이 훌륭하다고 생각하는 영적 교만을 주입하라

사랑하는 웜우드에게,
나는 네 환자의 애인을 미혹하는 책임을 맡고 있는 슬럼트림펫(Slumtrimpet)과 서신을 주고 받는 중에 그녀의 약점을 발견하기 시작했다. 그것은 분명하게 규정된 신앙에 의해 연합된 지적인 사회에서 성장한 여인들이 지니고 있는 것으로서 그다지 눈에 거슬리지 않는 작은 악이다. 즉 그녀는 이러한 신앙을 공유하지 않는 문외한들은 어리석고 우스꽝스러운 사람이라고 생각하고 있다. 그러나 이와 같은 문외한들을 항상 만나는 남성들은 그런 식으로 느끼지 않는다. 남성들이 느끼는 자신감은 여성들이 느끼는 자신감과는 종류가 다르다.

여성들은 자신이 느끼는 자신감이 신앙에 기인한다고 생각하지만, 실제로는 대체로 자신의 환경에서 취한 특색에 기인한다. 사실 그것은 그녀가 10살 때 자기 집에서 사용하는 칼은 모두 좋은 것이고 이웃에서 사용되는 칼들은 좋지 않은 것이라고 느꼈던 것과 그다지 다르지 않다.

이 모든 것 속에 들어 있는 무지와 순진함이라는 요소는 지극히 크며 영적 교만이라는 요소는 지극히 적으므로 우리가 그녀에게 걸 수 있는 희망은 지극히 적다. 그렇지만 너는 그것을 잘 이용하여 네 환자에게 영향을 미치게 할 방법을 생각해 보아야 한다.

풋나기들은 언제나 과장이 많은 법이다. 사회에서 보아도 갓 승진한 사람은 지나치게 세련되며, 젊은 학자일수록 현학적이다. 네 환자는 자신이 속한 새로운 신앙의 무리 속에서는 풋나기에 불과하다. 그는 날마다 그들과 함께 생활하면서 자신이 전에는 전혀 상상하지 못했던 특성을 지닌 기독교 생활을 접하게 되는데, 그는 지금 사랑에 빠져 있기 때문에 모든 것을 요술 거울을 통해서 보며, 이러한 특성들을 열심히 모방하려고 한다(실제로 원수는 그에게 그렇게 명령한다). 너는 그로 하여금 애인이 지니고 있는 이 결점을 모방하고 과장하게 만들어 그녀에게서는 경미한 악이었지만 그에게서는 지극히 강력하고 활기찬 악—영적 교만—이 되게 만들 수 있느냐?

현재 상황은 우리에게 아주 유리한 듯이 보인다. 그는 자신이 새로 사귀고 있는 사람들의 신앙보다는 다른 이유들 때문에 유혹을 받아 교만하게 될 가능성이 많다. 그가 사귀고 있는 무리는 그가 이제까지 만나온 모든 사람들보다 더 많은 교육을 받았으며 더 지적이고 더 호감을 주는 무리이다.

그는 그 무리 속에서의 자신의 위치에 관해 망상에 빠져 있다. 그는 "연애 감정"의 영향을 받고 있기 때문에 자신이 애인에게는 어울리지 않고 부족하다고 생각하지만, 다른 사람들에게 어울리지 않는다고는 생각하지 않으려 한다.

그는 그들이 자비하기 때문에 자신을 많이 용서해 주었다는 것, 그리고 그가 한 가족이 되었기 때문에 그에게 만족하고 있다는 생각은 전혀 하지 않는다. 그들은 그가 하는 말과 견해는 모두 자기들의 말과 견해를 모방한 것에 지나지 않는다고 생각하는데도, 그는 꿈에도 그들이 그런 생각을 하고 있다고는 생각하지 않는다. 더군다나 그는 자신이 이 사람들 속에서 즐거움을 느끼는 것은 애인이 퍼뜨리고 있는 색욕적인 마법에 기인한다고는 생각하지 않는다.

그는 그들의 영적 상태와 자신의 영적 상태 사이에 일치점이 있기 때문에 자신이 그들의 담화와 생활 방법을 좋아한다고 생각한다. 그러나 사실 그들은 그에게서 너무나 멀리 떨어져 있으므로, 만일 그가 사랑에 빠져 있지 않다면 지금 자신이 받아들이는 많은 것에 대해 반발하고 당황할 것이다. 그의 생각은 마치 사냥개가 자신의 사냥 본능과 주인에 대한 사랑 때문에 하루 동안 사격을 즐겼다는 이유로 자신이 화기(火器)를 이해한다고 생각하는 것과 같다.

여기에 네게 유익한 기회가 있다. 원수가 색욕적인 사랑 및 자신을 예배하는 일에 있어서 크게 진보한 사람들을 통하여 그 젊은 야만인을 다른 방법에 의해서는 도달할 수 없는 수준으로 끌어올리고 있다면, 너는 그로 하여금 자신이 자신에게 맞는 수준을 발견하였다고 느끼게 만들어야만 한다. 즉 이 사람들은 자기와 같은 부류의 사람들이며, 그들과 함께 어울리면서 자신의 본향에 이르렀다고 느끼게 만들어야만 한다. 그는 이 사람들을 떠나 다른 집단으로 갈 때에는, 그것이 답답하다는 것을 발견할 것이다. 그 이유 중에는 그의 힘이 미치는 범위 안에 있는 사회는 거의 모두가 즐겁지 못하다는 것도 있지만, 커다란 이유는 그가 애인의 매력을 그리워하게 된다는 것이다.

너는 그로 하여금 자기를 즐겁게 하는 집단과 지겹게 하는 집단의 차이를 신자와 불신자의 차이라고 생각하게 만들어야만 한다. 그가 "우리 기독교인들은 참으로 특별한 사람들이다"라고 느끼게 만들어야 하며, "우리 기독교인"이라는 말은 "나와 한 패거리"를 의미하게 되어야 한다. 또 "나와 한 패거리"라는 말은 "사랑과 겸손으로 나를 받아들여준 사람들"이라는 의미가 아니라 "나에게 자격이 있기 때문에 사귀는 사람들"이라는 의미가 되어야 한다.

여기에서의 성공 여부는 그를 혼란하게 만드는데 달려 있다. 만일 그가 자신이 기독교인이라는 것을 분명하고 공공연하게 자랑하게 되면, 너는 실패할 것이다.

반면에 만일 네가 그에게서 "우리 기독교인"이라는 개념을 완전히 없애 버리고 다만 "자기와 같은 패거리"에 만족하게 만든다면, 너는 진정한 영적 교만이 아니라 사회적 허영심을 만들어내게 될 것이다. 사회적 허영심은 영적 교만과 비교할 때 천박하고 미미하고 사소한 죄에 불과하다. 네가 원하는 것은 그의 모든 생각 속에 은밀한 자축(自祝)을 혼합하며, 그로 하여금 "정확하게 말해서 나는 지금 무엇을 자축하고 있는가?"라는 질문을 하지 못하게 하는 것이다.

자신이 간부진에 속해 있다는 생각은 달콤한 생각이다. 너는 바로 그 점을 이용해야 한다. 애인이 가장 어리석을 때에 그녀의 영향력을 이용하여 불신자들이 말하는 것들을 즐기는 태도를 취하게 만들어라. 여기에서 그가 현대 기독교인들의 모임에서 접하는 이론들이 도움이 될 수도 있을 것이다. 즉 사회의 희망이 고위 성직자들, 소수의 능숙한 신정주의자(神政主義者)들에게 있다고 주장하는 이론들을 의미한다. 이러한 이론들이 진실인지 거짓인지는 네가 상관할 바가 아니다. 네가 해야할 중요한 일은 기독교를 하나의 신비종교로 만들고, 그로 하여금 자신이 그 종교의 입문자라고 느끼게 하는 것이다.

제발 유럽 전쟁에 대한 쓸데 없는 생각들을 편지에 쓰지 말아라. 물론 이 전쟁의 최종적인 결과는 중요하지만 그것은 최고 사령부가 상관할 일이다. 나는 영국에서 많은 사람들이 폭격을 받아 죽었다는 것에는 도무지 관심이 없다. 나는 그들이 어떤 상태에서 죽었는지 내 사무실 안에서도 알 수 있으며, 그들이 죽을 것이라는 것은 이미 알고 있었다. 그러니 제발 너는 네 일에나 관심을 기울여라.

다정한 너의 삼촌
스크류테입

25.
항상 변화와 새로움을 갈망하게 만들라

사랑하는 웜우드에게,
네 환자가 속해 있는 집단과 관련해서 진정으로 골치 아픈 문제는 그것이 기독교인들만으로 이루어진 모임이라는 것이다. 그들은 각기 나름대로의 개인적인 이해관계들을 가지고 있으면서도 순전한 기독교 신앙에 의해서 뭉쳐 있다.

우리는 인간이 기독교인이 되는 것을 허용하더라도, 내 방식으로 표현하자면 "기독교와…"라는 심령 상태에 그를 붙들어 두어야 한다. 말하자면 기독교와 위기, 기독교와 신심리학, 기독교와 (나치 독일의)신 질서, 기독교와 신앙 요법, 기독교와 심령 연구, 기독교와 채식주의, 기독교와 철자법 교정 등이다. 어쩔 수 없이 그들이 기독교인이 되어야 한다면, 최소한 특수한 기독교인이 되게 만들어라. 신앙 대신에 기독교적 색채를 띤 유행을 따르게 만들어라.

그들로 하여금 "항상 동일한 옛 것"을 두려워하게 만들어라. 항상 동일한 옛 것에 대한 두려움은 우리가 인간의 마음 속에 만들어내는 가장 귀중한 감정 중의 하나이다. 그것은 종교 안에서 끝없이 일어나는 이단들, 어리석은 권고, 불성실한 결혼 생활, 변덕스러운 우정 등의 원천이 된다.

인간들은 유한한 세상에 살며 연속적으로 현실을 경험한다. 그러므로 그것을 많이 경험하기 위해서는 그들은 많은 다양한 것들을 경험해야 한다. 다시 말해서 그들은 변화를 경험해야 한다.

인간에게는 변화가 필요하기 때문에 (내심으로는 향락주의자인) 원수는 인간들에게 먹는 일이 즐거운 일이듯이 변화도 즐거운 것이 되게 했다. 그러나 그는 인간들이 먹는 것 자체를 목적으로 삼는 것을 원치 않듯이, 그들이 변화를 일으키는 것은 원하지 않는다. 그는 변화에 대한 사랑과 균형을 이루게 하기 위해서 항구성(恒久性)에 대한 사랑도 그들의 내면에 심어 놓았다. 그는 우리가 리듬이라고 부르는 바 변화와 항구성의 결합에 의해서 자기가 만든 세상에서 이 두 가지 취향이 충족되게 해놓았다. 그는 그들에게 사계절을 주었는데, 각 계절은 서로 다르지만 해마다 동일하다. 봄은 언제나 새로운 것이면서도 또한 태고의 주제의 반복이라고 느껴진다. 그는 교회 안에서 그들에게 영적인 계절을 준다. 그들은 금식한 후에는 절기를 지키는데, 그 절기는 이전 것과 동일한 것이 아니다.

우리는 먹는 즐거움을 과장하여 탐식을 만들어내듯이, 이와 같은 변화에서 느끼는 자연적인 즐거움을 택하여 왜곡시켜 그것으로 절대적인 새로움에 대한 욕구를 만든다. 이 욕구는 완전히 우리의 솜씨로 만들어낸 작품이다. 만일 우리가 자신의 의무를 등한히 한다면, 인간들은 자신에게 친숙하면서도 새로운 것, 즉 지금 맞이하는 1월의 눈, 이 아침에 떠오르는 태양, 올 성탄절에 먹는 오얏 푸딩에 만족하고 도취될 것이다. 만일 우리가 어린 아이들을 잘 가르치지 않으면, 그들은 여름에는 도토리를 가지고 놀다가 가을이 되면 오얏말놀이를 하는 등 계절에 따른 놀이에 만족할 것이다.

우리는 끊임없이 노력을 해야만 인간으로 하여금 계속 무한한 변화, 혹은 불규칙적으로 순환하는 변화를 향한 욕구를 소유하게 만들 수 있다. 이 욕구는 여러 면에서 가치가 있다.

첫째, 그것은 욕망은 증가시키고 즐거움은 감소시킨다. 새로운 것에서 느끼는 즐거움은 본질적으로 수확 체감의 법칙의 지배를 받는다. 계속 새로운 것을 누리랴면 비용이 든다. 따라서 그것에 대한 욕망은 탐욕이나 불행, 혹은 이 두 가지 모두와 교대한다. 이 욕망은 탐욕스러워질수록 그만큼 더 빨리 즐거움의 모든 원천들을 먹어치우고는 원수가 금지한 원천들에게로 나아간다.

최근 우리는 인간들 사회에서 "항상 동일한 옛것"에 대한 두려움이 타오르게 만들었기 때문에 오늘날 예술은 과거만큼 위험하지 않다. 오늘날 저속한 예술가들이나 고상한 체하는 예술가들이나 모두 날이 갈수록 지나친 음탕함과 무분별함과 잔인함과 교만으로 치닫고 있다. 결국 우리가 유행이나 새로운 풍조를 만들어내려면, 새로운 것에 대한 욕망이 반드시 필요하다.

사상(思想)에 있어서 유행을 사용하면 인간들로 하여금 자신에게 진정으로 위험한 것에게 관심을 기울이지 못하게 만들 수 있다. 우리는 각 세대로 하여금 그다지 위험하지 않은 악들을 대적하여 소리를 높이며, 우리가 고유한 것으로 만들려고 노력하고 있는 악과 가장 가까운 덕을 인정하게 한다. 그것은 그들로 하여금 홍수가 일어났을 때에 소화기를 가지고 이리 저리 뛰어 다니게 만드는 것이며, 물이 새는 배 안에 탄 사람들이 이미 물 밑에 잠긴 뱃전 쪽으로 몰려가게 만드는 것과 같다.

이와 같이 우리는 인간들이 정말로 세속적이고 나태해져 있을 때에 열심이 위험하다는 것을 드러내는 일을 유행하게 만든다. 100년 후 우리가 모든 인간들을 비장하면서도 낭만적이고 감정에 취하게 만들게 되면, 그들은 단순한 "오성"의 위험을 비난하는 소리를 발하게 될 것이다. 잔인한 시대는 감상주의를 대적하며, 무기력하고 게으른 시대는 훌륭한 사람들을 비난하며, 음란한 시대는 청교도주의를 비난한다. 우리는 모든 사람들이 노예나 폭군이 되어갈 때에 자유주의를 최고로 무서운 것, 혐오의 대상으로 만든다.

그러나 이 모든 것 중에서 가장 큰 승리는 "항상 동일한 옛것"에 대한 두려움을 하나의 철학으로 승화시켜 지적인 허튼 소리가 의지의 타락을 강화하게 만드는 것이다. 여기에서는 현대 사상의 진화적인 특성이나 역사적인 특성이 우리에게 지극히 유익하게 사용된다.

원수는 평범함을 좋아한다. 내가 아는한 그는 인간들이 "이것은 의로운 일인가?" "이것은 분별있는 일인가?" "그것은 가능한가?" 등의 지극히 간단한 질문을 하기를 원한다. 그러므로 만일 우리가 인간들로 하여금 "이것은 우리 시대의 일반적인 흐름과 일치하는가?" "그것은 진보적인가 보수적인가?" "역사는 이런 식으로 흘러가는 것인가?"라는 질문을 하게 만들 수 있다면, 그들은 원수의 뜻에 맞는 질문들을 등한히할 것이다. 물론 그들이 하는 질문들에 대한 해답은 없다. 왜냐하면 그들은 미래를 알지 못하며, 미래가 어떤 것이 될지는 그들이 지금 행하는 선택에 달려 있는데, 기이하게도 그들은 이 선택들을 하는데 도움을 달라고 미래에게 기원하기 때문이다.

　결과적으로 그들의 정신이 이러한 진공 상태 속에서 왁자지껄하고 있는 틈을 타서 우리는 그들의 정신 속으로 몰래 미끌어져 들어가 그들로 하여금 우리가 결정한 행동을 하게 만들 수 있다. 우리는 이미 큰 일이 행했다. 과거에 그들은 어떤 변화는 보다 나은 것을 위한 것이고, 어떤 변화는 좋지 않은 것을 위한 것이요, 어떤 변화는 대수롭지 않은 것임을 알고 있었다. 그런데 우리는 이 지식을 제거했다. 우리는 "변화되지 않은"이란 서술 형용사 대신에 "정체된"이라는 감정적인 형용사를 사용했다. 우리는 그들을 훈련하여 미래라는 것은 누구든지, 무엇을 하든지 한 시간에 60분의 속도로 진행하여 도착하는 곳이 아니라 재능이 있는 영웅들만 도착하는 약속된 땅이라고 생각하게 만들었다.

사랑하는 삼촌
스크류테입

26.
위선적인 이타심(利他心)을 권장하라

사랑하는 웜우드에게,
　남자가 여자에게 구혼하는 기간은 앞으로 십년 후에는 가정 내의 증오로 성장할 씨앗을 뿌리는 기간이다. 충족되지 못한 욕망이라는 마법은 인간들이 사랑의 결과라고 오해할 수 있는 결과들을 만들어낸다. 너는 "사랑"이라는 단어 속에 있는 애매함을 이용해라. 인간들로 하여금 자신이 그 마법의 영향을 받아 철회하거나 뒤로 미루고 있던 문제들을 "사랑"에 의해서 해결했다고 생각하게 만들어라. 그들이 이렇게 생각하는 동안에 너는 그 문제들을 은밀하게 선동하여 고질적인 것으로 만들 기회를 갖는다.
　그 문제들 중에서 중요한 것은 "이타심(利他心)"이다. 원수의 적극적인 사랑을 소극적인 이타심으로 대체하는 일에 있어서 우리의 언어학적인 무기가 이루어내는 훌륭한 사역에 다시 한번 주의를 기울여라. 이것 덕택에 어떤 사람은 자기가 포기한 것을 다른 사람이 소유하여 행복해지는 것을 원해서가 아니라 그것들을 버림으로써 자신이 사심이 없고 이타적인 사람이 되기 위해서 자기의 이익을 포기한다. 이것은 우리에게 크게 유리한 일이다.

 남성과 여성이 관련된 곳에서 우리에게 큰 도움이 되는 것은 이타심에 대한 남성과 여성의 견해의 차이인데, 이것은 우리가 노력하여 만들어낸 것이다. 여성들의 경우에 이타적이라는 것은 주로 다른 사람을 위해 수고하는 것을 의미하지만, 남성에게 있어서는 다른 사람에게 수고를 끼치지 않는 것을 의미한다. 따라서 원수를 섬기는 일에 깊이 들어간 여인은 우리 대왕께서 완전히 지배해온 남성들을 제외하고는 어떤 남성보다 방해가 될 것이다.

 반면에 남성은 오랫 동안 원수의 진영에서 생활한 후에야 지극히 평범한 여인이 다른 사람들을 즐겁게 하기 위해 날마다 행하는 것 만큼의 일을 하게 될 것이다.

 이와 같이 여인은 선한 직무를 행하는 것에 관심을 두며 남성들은 다른 사람들의 권리에 관심을 두지만, 남성과 여성은 각기 상대방을 이기적이라고 간주할 수 있는데, 여기에는 타당한 이유가 있다.

 너는 이러한 혼동의 절정에 몇 가지를 더 도입할 수 있다. 성적인 매력은 쌍방이 서로의 소원에 기꺼이 굴복하는 상호간의 순종을 낳는다. 또 원수는 그들에게 일정량의 넓은 사랑을 요구하는데, 만일 그들이 그것을 획득할 때, 그것은 그와 유사한 행동들을 생산하게 된다는 것도 그들은 알고 있다.

 너는 그들로 하여금 지금은 성적 매력에서 일정량의 상호간의 자기 희생이 자연스럽게 솟아나오지만, 그 매력이 사라지면 그들의 사랑이 넉넉치 못하여 서로 자기 희생을 수행할 수 없게 된다는 것을 결혼 생활의 법으로 세우게 만들어야 한다. 그들은 성적 흥분을 사랑이라고 여기며, 그 흥분이 지속될 것이라고 생각하는 두 가지 맹목성 아래 있기 때문에 덫을 보지 못할 것이다

공식적거나 법적이거나 명목상의 이타심이 하나의 규칙―그들의 감정적인 자원들이 사라지고 영적인 자원들은 아직 성장하지 않아 지키지 못할 규칙―으로 자리잡게 되면 지극히 기분좋은 결과들이 따른다. 모든 협력 행동을 논의할 때에 "A"는 자신의 소원과는 맞지 않지만 "B"의 소원이라고 생각되는 것을 옹호하는 주장을 해야 하며, "B"는 그와 반대로 해야 한다는 것이 의무가 된다. 종종 쌍방이 상대방의 소원을 발견해낼 수 없는 경우에는 다행히도 두 사람 모두 원치 않는 일을 함으로써 끝내게 되는데, 그 때 두 사람은 각기 독선을 느끼며, 내심으로는 상대방이 자기의 희생을 쉽게 받아들인 것을 유감스럽게 생각한다. 또 자신이 이타심을 발휘했으므로 특별 대우를 바랄 수 있다는 생각을 품는다.

너는 관대한 투쟁 망상이라고 부를 수 있는 것을 걸고 내기를 할 수 있다. 이 도박은 장성한 자녀들이 있는 가정에서, 두 사람 이상의 도박군이 있어야 할 수 있다. 예를 들면 가족들이 정원에서 함께 차를 마시는 것과 같은 지극히 사소한 일을 권할 수 있다. 가족들 중 한 사람이 자신은 정원에서 차 마시는 것을 원치 않으나 자신의 유익을 구하지 않기 때문에 그렇게 할 각오가 되어 있다고 말한다. 나머지 식구들도 이타심을 발휘하여 자기들의 제안을 즉시 철회한다. 그러나 그들이 제안을 철회한 진정한 이유는 처음 발언한 사람이 하찮은 이타심을 실천하기 위해 사용하는 허수아

비가 되기를 원치 않기 때문이다. 그러나 그는 자신이 이타심을 발휘할 권리를 빼앗기지 않으려 한다. 그는 "다른 식구들이 원하는 일"을 하겠다고 고집하고, 나머지 식구들은 그가 원하는대로 하겠다고 고집한다. 그러다가 감정들이 격해지면 곧 누군가가 "좋아. 나는 차를 마시지 않겠어"라고 말할 것이며, 상대방에 대한 지독한 분노를 동반하는 말다툼이 벌어진다.

너는 이 일이 어떻게 해서 이루어지는지 아느냐? 만일 쌍방이 솔직하게 자신이 진정으로 원하는 것을 위해 싸웠다면, 그들은 모두 이성과 예의의 테두리 안에 머물렀을 것이다. 그러나 그들의 논쟁점이 거꾸로 되어 각기 상대편을 위한 싸움을 벌였기 때문에 좌절된 독선과 고집과 과거에 축적된 불평에서 흘러나오는 비통함은 지금 그들이 발휘하고 있는 명목상의 이타심, 혹은 공식적인 이타심에 의해 감추어지거나 그것을 핑계로 저지된다. 사실 쌍방은 자기 적수의 이타심, 그리고 자신이 상대방에게 억지로 제공하려는 것이 싸구려라는 것을 민감하게 느끼고 있다. 그러면서도 그들은 각기 자신은 결백하고 악용되었다고 느끼는데, 그것은 인간이 선천적으로 지니고 있는 부정직함으로 인한 것이다.

어느 현명한 사람은 "이타심이 많은 불쾌감을 유발한다는 것을 사람들이 안다면, 강단에서 그것을 자주 추천하지 않을 것이다"라고 말했다. 그리고 그는 또 말하기를 "여성은 남을 위해 사는 사람이다—너는 사람들이 자주 사용하는 표현에 의해 그들을 식별할 수 있다"고 말했다.

이 모든 일이 구혼 기간에 시작될 수 있다. 네 환자의 영혼을 확보하는 일에 있어서 그의 진정한 작은 이기심은 장차 내가 앞에서 묘사한 것처럼 피어날 정교하고 자의식이 강한 이타심만큼의 가치가 없는 경우가 빈번하다.

상호간에 어느 정도의 거짓됨, 그리고 그가 얼마나 이타적인지에 그의 애인이 항상 주목하지는 않는다는 뜻밖의 일이 은밀하게 반입되어 있을 수 있다. 이러한 것들을 귀하게 여겨라. 무엇보다도 네가 맡고 있는 얼간이가 그것들에 관심을 두지 못하게 해라. 만일 그가 그것들에게 관심을 갖게 된다면, 그는 남녀 간의 사랑만으로는 충분하지 못하다는 것, 보다 넓은 사랑이 필요하지만 아직 그것을 얻지 못하고 있다는 것, 그리고 표면적인 법은 그 자리를 보충해줄 수 없다는 것을 발견하기 시작할 것이다. 슬럼트림펫이 어리석은 자들에 대한 그 처녀의 의식을 훼손시킬 수 있었으면 좋겠다.

사랑하는 너의 삼촌
스크류테입

27.
순수한 청원기도를 하지 못하게 하라

사랑하는 웜우드에게,

요즈음 너는 그다지 일을 잘하고 있지 못한 것 같다. 네 환자가 원수에게 헌신하지 못하게 하려면 그의 연애 감정을 유익하게 활용해야 한다. 그러나 그가 자기의 마음이 분산되고 방황하는 것을 기도의 주제로 삼았다는 사실은 네가 그의 연애 감정을 제대로 이용하지 못했다는 것을 나타내준다.

그것은 네가 크게 실패했음을 의미한다. 이처럼 그의 마음이 산만해질 때에, 너는 그를 격려하여 의지력으로 그것을 밀쳐내버리고 아무 일도 없었던 듯이 정상적인 기도를 계속하려고 노력하게 만들어야만 한다. 일단 그가 자신의 정신이 산만한 것을 당면한 문제로 받아들이고, 그것을 원수 앞에 놓고서 기도와 노력의 주요 주제로 삼게 되면, 너는 일을 그르친 것이다. 무엇이든지, 비록 죄라고 할지라도, 인간을 원수에게 가까이 가게 만드는 전체적인 효과를 지닌 것은 결국 우리에게 불리한 것이다.

전망이 있는 노선은 다음과 같다: 그는 지금 사랑에 빠져 있으므로 세상 행복에 대한 새로운 사상이 그의 마음에서 일어났으며, 이런 까닭에 전쟁이나 그와 유사한 문제들에 대해 순수하게 청원하는 그의 기도 속에 긴급 사태가 발생한 것이다. 지금은 그런 종류의 기도에 대해 지적인 어려움들을 일으켜야할 때이다.

우리는 언제나 거짓된 영성을 권장해야 한다. "하나님을 찬양하고 하나님과 교통하는 것이 참된 기도이다"라는 표면적으로는 경건한 듯한 근거에 의해서 인간들을 유혹하면 날마다 일용한 양식과 병 낫기를 위해 기도하라는 분명한 하나님의 명령에 직접적으로 불순종하게 만들 수 있다. 물론 일용할 양식을 위해 기도하라는 것을 영적 의미로 해석한다면 유치할 정도로 청원적이라는 사실을 그에게 숨겨야 한다.

그러나 네 환자는 순종이라는 지독한 습관에 붙들려 있기 때문에 네가 무슨 일을 하든지 그처럼 유치한 기도를 계속할 것이다. 그러나 너는 의식(儀式)은 어리석은 것이며 전혀 객관적인 결과를 소유하지 못한다는 의심을 출몰하게 하여 그를 괴롭힐 수 있다. "나는 머리를 얻고 너는 꼬리를 잃는다"는 논법의 용도를 잊지 말아라.

만일 그가 기도하는 일이 성취되지 않는다면, 청원적인 기도들이 효과가 없다는 하나의 증거가 된다. 반대로 그 일이 성취된다 해도, 그는 그 일이 성취되게 만든 물리적인 원인들을 볼 수 있을 것이며, 그리하여 응답을 받은 기도도 응답을 받지 못한 기도와 마찬가지로 그러한 기도들이 비효과적이라는 것을 나타내는 훌륭한 증거가 된다.

너는 영이기 때문에 그가 어떻게 해서 이러한 혼동을 하게 되는지 이해하기 어려울 것이다.

  그가 유한한 시간을 궁극적인 실재로 간주한다는 것을 반드시 기억해야 한다. 그는 하나님도 자기처럼 어떤 것들은 현재로 여기며, 또 어떤 것들은 과거로 기억하고, 또 어떤 것들은 미래로 예상한다고 가정한다. 혹은 그가 내심으로는 하나님이 사물을 그런 식으로 보지 않는다고 믿는다 하더라도 그는 이것을 하나님의 인식 형태의 특이성이라고 간주한다. 그는 (비록 말로는 그렇다고 하지만) 하나님이 보는 사물들은 실제의 사물과 같다고 생각하지 않는다.

  만일 그에게 사람들이 오늘 드리는 기도들이 하나님이 내일의 날씨와 조화시키는 무수한 좌표들 중 하나라고 설명하려고 한다면, 그는 그렇다면 하나님은 사람들이 그런 기도를 드릴 것이라는 것을 알고 계시는 셈이므로 그들은 자유로이 기도를 드리는 것이 아니라 그런 기도를 드리도록 예정되어 있는 것이 된다고 대답할 것이다. 그는 또 어느 날의 날씨의 원인들을 역추적하면 최초의 물질의 창조 자체로 거슬러 올라갈 수 있다고, 그러므로 인간이나 물질이나 만물은 말씀으로 만들어진 것이라고 덧붙여 말할 것이다.

  물론 우리는 그가 무슨 말을 하게 만들어야 할지 분명하게 알고 있다. 즉 특별한 날씨를 특별한 기도에 연관시키는 문제는 육체적 인식 형태에서의 두 가지 점에서 모든 영계를 모든 물질계에 적용하는 문제와 같은 외관을 가지고 있다는 것이다. 또 완전한 창조는 시간과 공간의 모든 점에서 작용하고 있다거나 또는 그런 종류의 의식은 그들로 하여금 모순이 없는 모든 창조적 행위들을 일련의 연속적인 사건들로 대하게 만든다는 것이다. 창조적 행동이 그들의 자유의지를 위한 공간을 남겨둔다는 것이 어찌하여 문제 중의 문제, 사랑에 관한 원수의 허튼 소리의 배후에 있는 비밀이 되는가? 그것이 어떻게 그렇게 되는지는 전혀 문제가 되지 않는다. 왜냐하면 원수는 인간들이 미래에 아낌 없이 기여할 것을 예견하는 것이 아니라, 자기의 무한한 현재 안에서 그들이 그렇게 행하는 것을 보기 때문이다. 또 어떤 사람이 어떤 일을 하는 것을 지켜 보는 일은 그 사람으로 하여금 그 일을 행하게 만드는 일과는 다른 것이다.

참견하기 좋아하는 작가들, 특히 보에티우스(Boetius)가 이 비밀을 누설했다고 말할 수도 있을 것이다. 그러나 우리가 서 유럽 전역에서 성공적으로 일으켜 놓은 지적 풍토 안에 있는한 너는 그것에 대해 걱정할 필요가 없다. 과거의 서적들을 읽는 것은 유식한 사람들 뿐인데, 우리는 이 유식한 사람들에게 역사적 관점을 되풀이하여 가르침으로써 옛 서적들을 읽어도 지혜를 얻지 못하게 만들었다.

역사적 관점이란 간단히 말하자면 독자가 고대 작가의 진술을 접할 때 "이것이 진실인가?"라는 질문을 하지 않는 것이다. 그는 누가 그 고대 작가에게 영향을 미쳤느냐, 그 책에 기록된 진술과 그가 다른 책에서 말한 것이 얼마나 일치하느냐, 그것은 작가의 발달 과정이나 일반적인 사상사 중 어떤 면을 묘사하고 있는가, 그것은 후대의 작가들에게 어떤 영향을 주었는가, 오늘날 학자들이 그것을 얼마나 오해하고 있는가, 과거 10년 동안 그것에 관한 일반적인 비판의 흐름은 어떻게 되어 왔는가, 그리고 "그 문제의 현재 상태"는 어떤지 등을 묻는다. 고대 작가를 하나의 가능한 지식의 원천으로 여기는 것—그가 말한 것이 너의 사상이나 행동을 수정할 수 있다고 생각하는 것은 완전히 어리석은 짓으로 여겨 배격될 것이다.

  우리가 항상 온 인류를 속일 수는 없으므로, 각 세대를 다른 세대로부터 단절시키는 것이 지극히 중요하다. 왜냐하면 시대들 간에 지식이 자유로이 거래된다면, 한 시대의 특징적인 오류가 다른 시대의 특징적인 진리에 의해 교정될 위험이 있기 때문이다. 그러나 지하에 계신 우리의 대왕의 노력과 역사적 관점 덕택에 오늘날 위대한 학자들은 "역사는 부질없는 이야기"라고 주장하는 무식한 정비사와 마찬가지로 과거에서 유익을 거의 얻지 못하고 있다.

사랑하는 너의 삼촌
스크류테입

28.
죽음은 다른 생으로 들어가는 문이다

사랑하는 웜우드에게,

내가 지난 번 편지에서 전쟁에 대한 쓸데 없는 잡동 사니 이야기를 쓰지 말라고 한 것은 물론 인간의 죽음과 도시들의 멸망에 대한 너의 유치한 광상시(狂想詩)를 읽게 되는 것을 원치 않는다는 뜻이었다. 그러나 환자의 영적 상태와 관련된 전쟁에 관한한 나는 완전한 보고를 받기를 원한다. 그런데 이러한 면에서 너는 이상하게도 우둔하다. 너는 네 환자가 살고 있는 마을에 대공습이 있을 것이라고 기대할 근거가 있다고 의기양양하게 말하였다. 이것은 내가 이미 탄식한 것의 절대적인 본보기이다.

너는 자신이 인간의 고통을 직접 즐기는 일에 있어서 중요한 요점을 쉽게 망각한다. 너는 폭탄이 사람들을 살상(殺傷)한다는 것을 알지 못하느냐? 이 순간 우리는 네 환자가 죽지 않는 것을 원하고 있다는 것을 너는 알지 못하느냐?

너는 그로 하여금 세상적인 친구들과 뒤얽히게 하려고 노력했지만 그는 그들을 피했다. 그는 지극히 경건한 처녀와 연애를 하고 있기 때문에 일시적이기는 하지만 너는 그의 정절을 공격할 수 없다. 또 우리는 그의 영성을 부패하게 만들려고 여러 가지 방법으로 노력해 왔지만 지금까지 성공하지 못하고 있다.

현재 그가 전쟁의 영향을 받아 그의 마음 속에서 세속적인 희망들은 낮은 위치에 놓였으며, 그의 마음에는 방어적 사역과 애인에 대한 생각으로 가득차 있다. 또 그는 이웃에게 많은 관심을 기울이며 스스로 예상했던 것보다 더 그들을 좋아하게 되었고, 기분이 상쾌해졌고, 날이 갈수록 더 하나님을 의지하게 되었다. 그러므로 만일 오늘 밤에 그가 죽는다면 우리는 그의 영혼을 잃게 된다. 이것은 글로 쓰기에 너무나 부끄러운 일이지만 분명한 사실이다.

나는 때때로 만일 너와 같은 미숙한 악마들이 유혹하는 직무에 한 번에 너무 오랫 동안 종사하지 않게 된다면—만일 너희가 자신의 사역의 대상인 인간들의 감정과 가치 기준의 영향을 받는 위험에 처하지 않는다면 어떻게 될까 궁금하게 생각하곤 한다. 물론 인간은 죽음을 으뜸되는 악이라고 여기며 살아남는 것을 최고의 선이라고 여기는 경향이 있는데, 그것은 우리가 그들에게 그렇게 가르쳤기 때문이다. 그러나 우리는 결코 우리 자신의 선전에 감염되지 말아야 한다.

현재 네가 달성해야할 주요 목표는 환자의 애인과 그의 어머니가 기도하는 주제와 동일해야 한다는 것, 즉 네가 그의 육체적 안전을 위해 노력해야 한다는 것은 이상하게 생각될 것이다. 그러나 실제로 너는 그렇게 해야 한다. 너는 그를 네 눈동자처럼 지켜야 한다. 만일 그가 지금 죽는다면, 너는 그의 영혼을 잃게 된다. 그가 전쟁에서 죽지 않고 살아 남는다면 우리에게 희망이 있다. 원수는 최초의 큰 시험의 물결 속에서 그를 지켜 주었다. 그러나 만일 네가 그를 살아 남게 할 수만 있다면, 세월을 네 편으로 만드는 셈이 된다.

 길고 답답하고 단조로운 중년의 형통함이나 역경은 우리에게 유리한 날씨이다. 알다시피 인간들은 참고 견디지를 못한다. 계속되는 역경, 청춘의 사랑과 희망의 점진적인 쇠퇴, 우리가 거듭 그들에게 가하는 고질적인 시험을 극복하지 못하는데 따른 절망감, 우리가 그들의 생활 속에서 만들어내는 단조로움, 그리고 우리가 그들에게 가르쳐준바 그것에 대한 애매한 분노 등이 계속 영혼을 괴롭혀 인내하지 못하게 한다.

 반면에 중년 시절의 형통함은 우리의 입지를 더욱 튼튼하게 해준다. 형통함은 사람을 세상에 얽어맨다. 그는 자신이 세상 속에서 자기의 처소를 발견하고 있다고 느낀다. 그러나 실제로는 세상이 그의 내면에서 자신의 처소를 발견하고 있는 것이다. 높아가는 그의 명성, 폭넓은 교우 관계, 자신이 저명인사라는 의식, 그로 하여금 열중하게 만드는 호감이 가는 작업이 차지하는 비중의 증가 등으로 인해 그는 내면적으로 세상은 편안한 곳이라는 의식을 쌓아 올리게 되는데, 이것이 바로 우리가 원하는 것이다. 너는 일반적으로 젊은 사람들은 중년층이나 노년층의 사람들만큼 죽음을 달갑지 않게 여기지 않는다는 것을 알게 될 것이다.

 이상하게도 이 하찮은 동물들로 하여금 영원한 세상에 있는 생명을 누릴 수 있게 만든 원수는 그들로 하여금 어디에서나 편암함을 느끼지 못하도록 효과적으로 지켜 주었다.

이런 까닭에 우리는 종종 자신이 맡고 있는 환자들이 장수(長壽)하기를 원한다. 70년이라는 세월은 하늘나라에 묶여 있는 그들의 영혼을 풀어주고 세상에 대한 든든한 애착을 쌓아올리는 어려운 과업을 행하기에는 그다지 긴 세월이 아니다.

우리는 그들이 젊었을 때에는 항상 곁길로 새는 것을 발견한다. 우리는 그들로 하여금 분명한 종교, 무수한 환상의 바람, 음악과 시에 대해 알지 못하게 하려고 하지만, 그들이 여인의 얼굴을 보고, 새 소리를 듣고, 수평선을 바라보기만해도 우리가 건축한 건물은 날려가 버린다. 그들은 세상의 승진, 신중한 교제, 안전한 정책에 우선적으로 전념하려 하지 않을 것이다. 하늘나라에 대한 그들의 갈망은 지극히 뿌리 깊기 때문에 이 단계에서 그들로 하여금 세상에 애착을 갖게 만드는 최선의 방법은 장차 정치학이나 우생학이나 과학이나 심리학 등에 의해 세상을 하늘나라로 변화시킬 수 있다고 믿게 하는 것이다.

진정한 세속성은 세월이 교만의 지원을 받아 이루어내는 작품이다. 왜냐하면 우리는 그들에게 살며시 다가오는 죽음을 양식(良識), 성숙, 또는 경험이라고 묘사하게 만들었기 때문이다. 말이 났으니까 말인데, 우리는 그들로 하여금 "경험"이라는 단어에 특별한 의미를 부여하게 만들었는데, 그것은 대단히 유익한 단어이다. 어느 위대한 철학자는 덕이 관련되는 곳에서 "경험은 망상의 어머니이다"라고 말했는데, 이것은 거의 우리의 비밀을 폭로하는 말이었다. 그러나 유행의 변화와 역사적 관점 덕택에 우리는 그의 저서를 거의 무해하게 만들었다.

세월이 우리에게 무척 귀하다는 것은 원수가 우리에게 세월을 거의 허락하지 않는다는 사실에 의해서 예측할 수 있다. 대다수의 인간은 어렸을 때에 사망하며, 또 많은 사람들이 청년 시절에 죽는다. 원수에게 있어서 인간의 탄생은 주로 죽음을 위한 자격으로서 중요한 것이며, 죽음은 다른 종류의 생으로 들어가는 문으로서만 가치가 있다.

우리는 소수의 선택된 인간들에게만 활동하도록 허락되어 있다. 인간들이 "정상적인 생명"이라고 부르는 것은 우리의 활동 대상에서 제외된다. 원수는 장차 하늘나라에서 살게 될 소수의 인간들로 하여금 이 세상에서 60년이나 70년 사는 동안 우리에게 저항하는 경험을 하게 한다. 그러나 거기에 우리의 기회가 있다. 기회가 적을수록 우리는 그 기회를 더욱 잘 이용해야 한다. 너는 무슨 일을 하든지 할 수 있는 한 네 환자를 안전하게 보호해라.

다정한 삼촌
스크류테입

29.
비겁한 마음을 품게 만들라

사랑하는 웜우드에게,
　머지 않아 독일군이 네 환자가 살고 있는 마을을 폭격할 것이며, 그가 행하는 경건한 근행(謹行)들로 인해 그의 영혼이 아주 위험한 처지에 놓이게 될 것이다. 그러므로 우리는 우리의 정책을 여러 면으로 곰곰히 생각해 보아야 한다. 우리는 비겁함을 목표로 하는가? 아니면 용기와 그에 따른 교만을 목표로 하는가? 아니면 독일인들에 대한 증오심을 목표로 하는가?

　그를 용감한 사람으로 만들려고 하는 것은 무익한 일이라고 생각된다. 왜냐하면 우리의 연구소에서는 아직 덕을 생산해내는 방법을 발견해내지 못했기 때문이다(그러나 금명간 그 일에 성공할 것이라고 기대된다). 이것은 중대한 장애이다.

　사람이 크게, 그리고 효과적으로 악하게 되려면 약간의 덕이 필요하다. 만일 아틸라(훈족의 왕: 406?-453)에게 용기가 없었다면 그는 어떻게 되었겠느냐? 만일 육체와 관련하여 자기 부인이 없었다면 샤일록은 어떻게 되었겠느냐?

그러나 우리에게는 이러한 특성들을 공급할 능력이 없기 때문에 우리는 원수가 공급한 것을 사용할 수 밖에 없다. 이렇게 원수가 공급한 덕을 도구로 사용하는 것은 완전히 우리의 것으로 만들 수 있을 인간의 내면에 원수를 위한 발등상을 남겨 두는 것을 의미한다. 이것은 대단히 만족치 못한 조처이다. 그러나 장차 우리가 더 좋은 방법을 알게 될 날이 있으리라고 믿는다.

그러나 증오심은 우리가 관리할 수 있다. 인간은 소음, 위험, 피로를 겪으면 신경이 곤두서서 쉽게 감정이 격해지는데, 우리는 이 감정을 바른 통로로 인도해야 한다. 만일 그의 양심이 저항한다면, 그를 갈피를 잡지 못하게 만들어라. 그로 하여금 자기 자신을 위해서가 아니라 여인들과 아이들을 위해서 증오심을 느끼는 것이며, 하나님께서는 다른 사람들의 원수가 아니라 자기 자신의 원수를 용서하라고 명령하셨다고 주장하게 만들라. 다시 말하자면, 그 자신은 여인들과 어린 아이들을 위해 증오심을 느낄 수는 있으나 그들의 원수를 자신의 원수로 간주할 만큼의 관계는 아니므로 그들의 원수는 자기가 용서할 대상이 아니라고 생각하게 만들어라.

증오심은 두려움과 가장 잘 어울린다. 모든 악 중에서 아주 고통스러운 것은 비겁함이다—그것은 예상하기에도 무시무시하고, 느끼기에도 무섭고, 기억하기에도 무섭다. 증오심은 자체의 즐거움을 가지고 있기 때문에 종종 겁에 질린 사람이 두려움이라는 불행에 대해 스스로에게 지불하는 보상이 되기도 한다. 그는 두려움을 많이 느낄수록 많이 미워할 것이다. 증오는 수치를 완화시키는 진통제도 된다.

그의 넓은 사랑에 깊은 상처를 내려면 너는 먼저 그의 용기를 쳐부셔야 한다. 이것은 어려운 일이다. 우리는 사람들로 하여금 자신이 범한 많은 악을 자랑하게 만들 수는 있었지만 비겁함을 자랑하게 만들지는 못했다. 우리가 인간들로 하여금 비겁함을 자랑하게 만드는 일에 거의 성공할 때마다 원수는 전쟁이나 지진 등의 재앙을 발생시킴으로써 인간들로 하여금 용기를 지극히 사랑스럽고 중요한 것으로 여기게 만들기 때문에 우리의 작업은 완성되지 못한다.

우리가 환자들의 내면에 비겁함을 일으키는 일에는 자칫하면 진정한 자기 인식과 자기 혐오를 발생시켜 회개와 겸손으로 이끄는 위험이 따른다. 실제로 전쟁 동안에 수천 명의 인간들이 자신의 비겁함을 발견함으로써 처음으로 완전한 도덕적 세계를 발견했다. 평화로운 시절이라면 우리는 그들이 선과 악을 완전히 무시하게 만들 수 있다. 그러나 위험에 처해 있을 때에는 그 문제가 변장을 하고서 그들에게 밀고 들어가므로 우리는 그들이 그것을 보지 못하게 막을 수 없다.

여기에서 우리는 진퇴 양난의 처지에 놓인다. 만일 우리가 인간 사회에서 박애와 정의를 촉진시킨다면, 우리는 직접적으로 원수의 계략에 빠져 그의 이익을 도모하게 된다. 그러나 만일 우리가 그들로 하여금 그와 반대되는 행동을 하게 만든다면, 조만간 전쟁이나 혁명이 일어날 것이며, 그렇게 되면 비겁이나 용기라는 숨길 수 없는 일이 수 많은 사람들을 도덕적 마비 상태에서 깨어나게 할 것이다.

이것은 진실로 원수가 위험한 세계—도적적 문제들이 요점에 이르는 세계—를 만든 동기 중 하나일 수도 있다. 용기는 여러 가지 덕 중의 하나가 아니라 모든 덕이 시험을 받을 때에 취하는 형태라는 것은 너도 알고 원수도 알고 있다. 위험에 처했을 때 굴복하는 정절이나 정직이나 자비는 조건부의 순결이요 정직이요 자비이다. 빌라도는 위험한 지경에 처하기 전까지는 자비로웠다.

그러므로 너는 네 환자를 비겁하게 만듦으로써 얻는 것만큼 잃을 수도 있다. 그가 자신에 대해 너무 많은 것을 알게 될 수도 있다! 물론 수치심을 마비시키지 않고 악화시켜 절망을 만들어낼 수 있는 기회가 항상 있다. 이것은 위대한 승리이다. 그것은 그가 자신이 지은 죄의 죄악됨을 충분히 느끼지 못했기 때문에 하나님께서 그 죄들을 용서하신다는 말을 믿고 받아들였었다는 것을 나타내줄 것이다. 즉 스스로 진정으로 부끄러운 일이라고 여기는 악에 관해서는 자비를 구할 수 없고 용서함을 받았다고 믿을 수도 없다는 것이다. 그러나 너는 이미 그가 원수의 학교에 너무 깊이 개입하는 것을 허락하였으므로 그는 절망을 야기하는 죄들보다도 절망이 더 큰 죄라는 것을 알고 있다.

사람들을 유혹하여 비겁하게 만드는 실질적인 기술에 관해서는 그다지 이야기할 필요가 없다. 중요한 점은 예방책들은 두려움을 증가시키는 경향을 가지고 있다는 것이다. 네 환자에게 부과된 예방책들은 곧 습관적인 것이 되며, 그 효과를 상실한다.

네가 해야 할 일은 그가 종교적 의무의 테두리 안에서 행할 수 있는 일이나 행하지 않는 모든 일에 대해 끊임없이 모호한 생각을 하게 만드는 것이다. 이것은 그를 약간 안전하게 만드는 것처럼 보인다. 그의 마음을 "나는 이곳에 머물면서 이러 저러한 일들을 했다"는 단순한 원리에서 탈피하여 일련의 생활의 최저선(비록 원치 않는 일이지만 "만일 "A"가 발생한다면, 나는 "B"를 할 수 있을 것이다. 그리고 최악의 사태가 발생할 경우 나는 "C"를 할 수 있을 것이다")을 생각하게 만들어야 한다.

비록 미신이라고 인정되지는 않더라도 미신을 일깨울 수도 있다. 중요한 것은 그로 하여금 항상 자신에게는 원수나 원수가 공급하는 용기가 아니라 다른 의지할 대상이 있다고 생각하게 만드는 것이다. 그리하면 전적으로 종교적 의무를 수행하지 않고 무의식 중에 작은 조건들을 붙이게 된다.

최악의 사태를 예방하려면, 너는 일련의 상상적인 수단들을 쌓아 올림으로써 그는 의식하지 못하는 의지의 차원에서 최악의 사태는 오지 않는다는 결정을 만들어낼 수도 있을 것이다. 그리고 그가 진정으로 진정한 공포에 사로잡혀 있는 순간 그의 신경과 근육에 그 결정을 돌입시켜라. 그리하면 너는 네가 무엇을 하고 있는지 그가 알아채기도 전에 치명적인 행동을 완료할 수 있을 것이다. 중요한 것은 비겁한 행동 뿐이다; 두려움이라는 감정은 본래 죄가 아니며, 우리가 그것을 즐기기는 하지만 우리에게 유익을 주지는 못한다.

사랑하는 삼촌,
스크류테입

30.
피로를 이용하여 악을 야기하라

사랑하는 웜우드에게,

나는 이따금 네가 자신의 즐거움을 찾기 위해 세상에 파견되었다고 생각하는 것이 아닌지 의아할 때가 있다. 나는 네가 최초로 환자를 공격했을 때의 환자의 행동이 최악의 상태였다는 것을 알고 있다. 이것은 너의 당치 않은 보고서를 통해 안 것이 아니라 지옥 경찰의 보고서를 통해 입수한 것이다. 네 환자는 대단히 겁에 질렸으며, 스스로를 대단한 겁장이라고 생각하여 조금도 자신감을 느끼지 못하고 있다. 그는 자기의 종교적 의무에서 요구되는 것보다 더 많은 일을 행해오고 있다.

이러한 재난을 대적하여 네가 할 수 있는 일은 그로 하여금 자기의 발을 문 개에게 화를 내게 하는 것, 지나치게 담배를 피우게 만드는 것, 기도하는 일을 망각하게 하는 것이다. 네가 어려움을 겪고 있다고 우는 소리를 하는 것이 도대체 무슨 소용이 있느냐? 만일 네가 공의라는 원수의 사상에 입각하여 행동하며, 너의 의도와 네게 주어진 기회들을 고려해야 한다고 주장한다면, 나는 너를 이단이라고 생각할 수 밖에 없다. 어쨌든 너는 곧 지옥의 정의는 철저히 현실적이며 결과에만 관심을 갖는다는 것을 발견할 것이다. 너는 우리의 음식을 되찾아와야 한다. 그렇지 않으면 너 자신이 우리의 음식이 되어야 한다.

네 편지에서 건설적인 내용은 네가 아직도 환자가 느끼는 피곤으로부터 좋은 결과를 얻기를 기대한다고 말한 것 뿐이다. 그것은 참으로 좋은 것이지만 네 수중에 들어오지 않을 것이다. 피곤은 극도의 관대함, 마음의 평화, 심지어는 환상 같은 것까지도 만들어낼 수 있다. 어떤 사람들이 피곤함 때문에 분노와 악의와 조급함에 빠지는 것은 그들에게는 그러한 악을 유발하기에 유효한 성질들이 있기 때문이다.

역설적인 사실은 완전히 기진맥진한 상태보다는 적당한 피로가 불평과 까다로움을 만들어내는데 더 유익하다는 것이다. 이렇게 되는 데에는 육체적인 원인들도 있으나 그렇지 않은 원인도 있다. 인간들은 단지 피곤하다는 사실만으로는 화를 내지 않는다. 이미 피곤하고 지쳐 있는 사람에게 예상 밖의 요구를 할 때에 그는 화를 내게 된다.

인간은 자신이 무엇을 기대하기 시작하면 곧 자신에게 그렇게 기대할 권리가 있다고 생각하게 되며, 그것이 충족되지 못할 때에 느끼는 실망은 곧 손해를 보았다는 느낌으로 변한다. 이것은 우리가 솜씨를 발휘하여 되는 일이 아니다.

사람들이 돌이킬 수 없는 실책을 범한 후, 구원에 대해 절망하여 삼십 분 후의 일조차 생각하지 않게 되었을 때 비로소 겸손하게 된다거나 피로로 인하여 관대하게 되는 위험이 시작된다.

그러므로 환자의 피곤함으로부터 최선의 결과를 산출해내

려면 그에게 거짓된 희망들을 심어 주어야만 한다. 그의 마음에 공습이 되풀이 되지 않을 것이라고 믿을 그럴듯한 이유들을 주입해라. 그로 하여금 내일 밤에는 단 잠을 잘 수 있다는 생각으로 자신을 위로하게 만들어라.

그로 하여금 피로가 곧 사라질 것이라고 생각하게 만들므로서 지금 느끼는 피로를 과장하라. 왜냐하면 사람들은 긴장이 끝나는 순간이나 끝날 것이라고 생각하는 순간에 가장 그것을 견디기 어려워하기 때문이다.

비겁이라는 문제에 있어서와 마찬가지로 피곤이라는 문제에 있어서도 전적인 위탁은 피해야 한다. 그로 하여금 자신에게 닥치는 것을 무작정 참고 견디는 것이 아니라 일정 기간 동안만 참고 견디겠다고 결심하게 만들어라. 그가 생각하는 일정한 기간이 실제로 시련이 지속될 기간보다 짧아야 한다. 그러나 그다지 짧을 필요는 없다. 우리가 인간의 인내와 정절과 불굴의 용기를 공격할 때에, 그가 그것으로부터의 구원을 눈 앞에 두고서 굴복하는 것은 참으로 재미있는 일이다.

나는 그가 긴장 상태에서 애인을 만나는지 알지 못한다. 만일 그가 긴장 상태에서 애인을 만난다면, 그 사실을 최대한도로 이용하여 그를 피곤하게 만들어 그는 말을 적게 하고 애인은 말을 많이 하게 만들어라. 이렇게 하면 비록 연인들 사이라 할지라도 많은 은밀한 분노를 일으킬 수 있다.

아마 그가 지금 목격하고 있는 장면들은 그의 믿음에 대한 지적 공격을 할 수 있는 자료를 너에게 제공하지는 않을 것이다. 이것은 네가 이전에 저지른 실수들 때문이다. 그러나 너는 그의 감정에 대한 공격을 시도해볼 수 있다. 그것은 그가 벽에 새겨져 있는 인간의 유적을 바라보면서 "이것이 바로 인생이라는 것이구나"라고 느끼며 자신의 신앙이 환상에 불과하다고 느끼게 만드는 것이다.

너는 우리가 인간들로 하여금 "참"이라는 단어의 의미를 완전히 혼동하게 만들었다는 것을 알게 될 것이다. 그들은 위대한 영적 체험에 대해 서로 이야기하면서 "참으로 있었던 일은 네가 불을 밝힌 건물 안에서 음악을 들었다는 것뿐이다"라고 말한다. 여기에서 "참"이라는 것은 그들이 실제로 체험한 경험 속에 있는 요소들과는 분리된 완전히 물질적인 사실들을 의미한다.

한편, 그들은 "안락의자에 앉아서 다이빙에 대해 논하는 것도 좋다. 그러나 그보다는 자리에서 일어나 그것이 진정으로 어떤 것인지를 알아보아야 한다"라고 말할 것이다. 여기에서 "참"은 물리적인 사실들을 의미하는 것이 아니라 그러한 사실들이 인간의 의식에 미치는 감정적인 효과를 의미한다. 그 단어를 어떻게 적용하든지 타당하다고 할 수 있다. 그러나 우리가 해야 할 일은 이 두 가지가 한번에 진행되게 하여 "참"이라는 단어의 감정적인 가치가 우리에게 유리한 편에 놓이게 하는 것이다.

우리가 지금 인간 사회에 확립해 놓은 일반적인 규칙은 그들을 보다 행복하거나 훌륭하게 만들 수 있는 모든 경험들 중에서 물리적인 사실들만이 참이며, 영적 요소들은 종속적인 것이라는 것; 사람들을 낙심케 하고 타락하게 할 수 있는 모든 경험들 중에서 영적 요소들만이 주된 실체이며, 그것들을 무시하는 것은 도피주의자가 되는 것이라는 것이다.

그러므로 출생 속에서 진정한 것은 피와 고통이며, 기쁨은 종속적인 관점에 불과하다. 죽음 속에 있는 두려움과 추함은 죽음이 진정으로 무엇을 의미하는지 드러낸다. 미움을 받는 사람이 지니고 있는 밉살스러움은 참된 것이다. 너는 미움 속에서 사람들의 모습을 있는 그대로 본다. 그러나 사랑 받는 사람의 사랑스러움은 단지 성욕이나 경제적 연합이라는 참된 핵심을 감추는 주관적인 안개일 뿐이다.

전쟁과 빈곤은 참으로 무서운 것이며; 평화와 풍성함은 물리적인 사실들로서 사람들은 어쩌다가 그것들에 대해 일정한 감정을 느낀다. 인간은 항상 다른 사람들이 "케익을 먹고 소유하기를" 원한다고 비난한다. 그러나 우리가 수고한 덕택에 그들은 값을 치르고서도 케익을 먹지 못하는 곤경에 자주 처한다. 아마 네가 제대로 다루기만 한다면, 네 환자는 인간의 내면을 바라볼 때에 자신의 감정을 실체의 계시로 간주하며, 행복한 어린 아이나 쾌청한 날씨를 볼 때에 느끼는 자신의 감정을 단순한 감상(感想)으로 여기게 될 것이다.

너의 다정한 삼촌
스크류테입

31.
신자가 임종할 때에는 거룩한 영들이 안내하러 온다

사랑하는 웜우드에게,

네가 모든 것을 잃었다고 해서 훌쩍거리며 와서 내가 너에게 말한 애정의 조건이란 처음부터 무의미한 것이 아니었느냐고 하겠느냐? 그것은 정말로 오해이다. 내 말은 결코 의미가 없는 것이 아니다. 너를 향한 나의 사랑과 나를 향한 너의 사랑은 두 개의 완두콩처럼 같다는 것을 믿어라. 네가 나를 탐했듯이 나도 항상 너를 탐해왔다. 너와 나의 차이점은 다만 내가 너보다 더 강력하다는 것이다. 나는 그들이 너를 나에게 줄 것이라고 생각한다. 너를 사랑하느냐고? 그렇고 말고. 나는 계속 살이 찌기 때문에 맛있는 것으로 조금씩만 먹고 있다.

너는 네 수중에 있던 한 영혼을 놓쳤다. 지금 이 순간 그 영혼을 상실함으로 인해 강력해진 굶주림의 으르렁거리는 소리가 소음의 왕국 전역을 통과하여 보좌에까지 울려 퍼지고 있다. 그것을 생각하기만 해도 나는 미칠 것 같다.

천국의 영들이 너에게서 그 영혼을 빼앗아가던 순간에 무슨 일이 있었는지 나는 잘 알고 있다. 그가 처음으로 너를 보는 순간 갑자기 그의 눈이 밝아져서 네가 그의 내면에서 소유해온 부분을 깨달았으며 또 네가 그것을 더 이상 소유하지 못한다는 것을 알았다.

그 순간에 그가 무엇을 느꼈는지 생각해 보아라. 그는 마치 오래된 상처에서 딱지가 떨어져 나가는 듯이, 무서운 피부병이 나음을 얻은 듯이, 마치 더럽고 축축하고 몸에 들러붙는 옷을 영원히 벗어버린 듯이 느꼈을 것이다. 사람들이 육신을 입고 사는 동안에 더러워지고 불편한 옷을 벗어 뜨거운 물에 담구며 즐거운 불평을 하는 것을 보는 것만해도 우리에게는 불행한 일인데, 이처럼 궁극적으로 더러운 것 (육신)을 벗어버리는 것, 완전히 깨끗해진 것을 볼 때에는 어떻겠느냐?

그것에 대해서 생각하면 할수록 더욱 불쾌하다. 그는 너무나 쉽게 죽었다. 점진적인 불안도 느끼지 않았고, 의사로부터 죽을 것이라는 선고도 받지 않았고, 양로원에도 가지 않았고, 수술실에도 들어가지 않았고, 살 수 있다는 거짓 희망도 품지 않은채 순식간에 육신을 벗어났다.

한 때 우리는 그 영혼을 완전히 소유한 것처럼 보였었다. 폭탄 소리, 무너진 집들, 온 땅에 퍼져 있는 폭약 냄새, 타는 듯이 쑤시는 발, 공포로 인해 싸늘해진 심장, 어질어질한 머리, 쑤시는 다리 등의 현상이 나타났었다. 그러나 곧 이 모든 것은 마치 악몽처럼 사라졌으며 다시는 중요한 의미를 지니지 못했다.

너는 허를 찔리고 패배한 바보다! 너는 흙에서 태어난 벌레 같은 인간이 얼마나 자연스럽게 새 생명으로 들어가는

지 유의해 보았느냐? 그가 품었던 모든 의심은 눈 깜짝할 사이에 우스운 것이 되었다. 나는 그 인간이 스스로에게 무엇이라고 말했는지 알고 있다. 그는 이렇게 말했다.

"그래. 물론 항상 이렇게 되곤 했었지. 두려움은 모두 동일한 경로를 따라 점점 더 심해지며 너를 궁지로 몰고 간다. 마침내 네가 완전히 으깨어질 것이라고 생각하는 그 순간에 너는 그 궁지를 통과하여 빠져 나가게 되며 갑자기 모든 것이 형통하게 된다. 이를 뽑을 때에는 아픔이 심하게 되어야 이가 빠진다. 꿈을 꾸다가 그 꿈이 악몽이 되면 너는 잠에서 깨어난다. 너는 죽고 죽은 후에 사망을 넘어서게 된다. 이전에 왜 그것을 의심했는지 모르겠다."

그는 너를 보았을 때에 천상의 영들도 보았다. 나는 그것이 어찌된 일인지 알고 있다. 너는 천상의 영들의 공격을 받아 아찔해지고 눈이 멀어 뒤로 물러섰다. 네가 그들의 공격을 받아 입은 상처는 그가 폭탄에 맞아 입은 상처보다 더 많았다.

흙에서 생겨난 것이 네 앞에서 똑바로 서서 영들과 대화를 하는데 너는 영인데도 그 영들 앞에서 위축되어야 하다니 얼마나 수치스러운 일이냐! 아마 너는 그 같은 일의 생소함과 두려움이 그의 기쁨을 꺾어버리기를 원했을 것이다. 그러나 육체를 입고 있는 인간들이 볼 때에 신(神)들은 생소하지만, 실상 그들은 전혀 생소한 존재가 아니다.

그는 죽음의 순간에 이르기 전에는 그들이 어떻게 생겼는지에 대해 생각해본 적이 없으며, 심지어 그들아 존재를 의심했었다. 그러나 그는 그들을 보는 순간 자신이 그들을 알고 있었다는 것을 깨달았으며, 세상에 있을 때에 자신이 홀로 있다고 생각한 많은 순간에 그 영들이 각기 어떤 역할을 했는지를 깨달았다. 따라서 그는 그들 하나 하나에게 "당신은 누구십니까?"라고 말하지 않고 "아, 당신이었군요."라고 말할 수 있었다. 이 만남에서 그들의 존재와 그들이 말한 모든 것이 그의 기억을 일깨웠다. 어렸을 때부터 그가 홀로 있을 때에 자주 방문했던 친구들에 대한 희미한 의식이 드디어 설명되었다. 항상 기억에서 도피했던 모든 순결한 경험 속에 있는 중심 음악이 마침내 복원되었다. 이러한 깨달음 때문에 그는 시신의 사지가 굳어지기도 전에 그들과 거리낌없이 교제하기 시작했다. 그리고 너는 홀로 밖에 남겨졌다.

그는 영들만 본 것이 아니라 우리의 원수인 하나님도 보았다. 침상에서 잉태된 이 짐승 같은 존재가 하나님을 바라볼 수 있었던 것이다. 네 시야를 가려 앞을 보지 못하게 하고 숨 막히게 하던 열기가 그에게는 시원한 빛이 되고 명쾌함 자체가 되며, 한 인간의 형태를 입는다.

너는 환자가 그의 임재 속에서 느끼는 커다란 놀라움, 자기 혐오, 자기 죄에 대한 완전한 지식(그는 네가 알고 있는 것 더 분명하게 자기의 죄를 알고 있다)을 네가 하늘나라의 중심부로부터 불어오는 그 치명적인 대기를 만날 때 겪는 질식하고 마비되는 감각들을 기준으로 하여 해석하려 할 것이다. 그러나 그것은 완전히 허튼 짓이다.

그는 여전히 고통을 만나야 할지도 모르지만 그 고통을 환영한다. 그들은 그 고통을 세상의 즐거움과 바꾸려 하지 않는다. 그들은 마치 자신이 평생 동안 사랑했던 애인이 죽었다가 다시 살아나 살아서 자기 집 문 앞에 와있다는 소식을 듣는 사람처럼 기뻐하고 있기 때문에, 네가 과거에 그들을 유혹하는데 사용했던 감각적인 즐거움, 정신적인 즐거움, 또는 지력의 즐거움, 심지어 덕 자체에서 느끼는 즐거움까지도 짙은 화장을 한 창녀의 메스꺼운 매력처럼 보인다.

그는 고통과 즐거움이 무한한 가치를 취하는 곳, 우리가 측량할 수 없는 곳으로 올라갔다.

우리는 또 다시 납득할 수 없는 일을 만난다. 우리에게 있어 너처럼 무익한 미혹자들로 인한 불행 다음으로 큰 불행은 첩보부의 실패이다. 원수가 무슨 일을 하는지 알 수 있다면 얼마나 좋겠느냐! 우리에게는 그 가증스럽고 역겨운 지식이 절대적으로 필요하다! 때때로 나는 거의 절망에 빠진다. 나를 지탱해 주는 것은 오직 모든 어리석은 허튼소리와 인기를 끌기 위한 술책의 배격, 우리의 현실주의가 결국 승리할 것이라는 확신이다. 어쨌든 나는 네가 범한 일에 대한 책임을 묻겠다.

무지무지하게 너를 사랑하는 삼촌
스크류테입

스크류테이프의 축배

서문

『스크류테입의 축배』의 서문에 붙이는 주(註)

이 글은 미국의 교육 제도를 비평한 것으로서 1962년에 『축배』가 주제 논문인 글 모음집에 붙이는 서문으로 작성되었다. 루이스가 사망한 후, 출판사에서는 그 책을 새로운 형태로 출판했는데, 그 과정에서 루이스의 서문이 상실되었다. 그러나 본서에서는 그것을 다시 찾아 삽입하여 출판하였다.

『스크류테입의 축배』은 『마귀의 지령』보다 몇 년 늦게 저술되었다. 그것은 『마귀의 지령』에서 사용하였던 방법, 악마의 복화술이라고 부를 수도 있을 기교를 넘겨 받았다. 스크류테입의 견해는 사진의 원판과 같아서 그가 말하는 흰색은 우리에게는 검은 색이며, 그가 환영하는 것은 우리가 두려워해야할 것이다. 『마귀의 지령』에서는 이러한 방법이 개인의 신앙생활과 도덕 생활에 적용되었으나, 『축배』의 주요 주제는 교육이다.

  내 견해에 의하면, 교육은 어떤 의미에서는 민주적이어야 하며, 또 다른 의미에서는 그렇지 않아야 한다. 교육은 여성과 남성, 유색인이나 백인, 계층, 인류, 종교 등의 구분이 없이 원하는 모든 사람들이 이용할 수 있어야 한다는 의미에서 민주적이어야 한다. 그러나 일단 젊은이들이 학교 안에 들어간 후에는 게으르고 열등한 학생과 영리하고 부지런한 학생들 사이에 인위적인 평등주의를 세우려고 시도해서는 안된다. 현대 국가들은 성실하게 교육을 받은 우수한 사람들을 필요로 하며, 학교와 대학교의 주된 기능은 그러한 사람들을 배출하여 공급하는 것이다. 그러므로 표준을 낮추거나 기복(起伏)을 감추려는 것은 아주 좋지 못한 일이다.

모진 말처럼 들리겠지만 그와 반대되는 정책은 게으른 학생과 열등생들의 열등감을 무마하려는 것이 아니라 그 학생들의 부모의 열등감을 무마하기 위해 고안되었다고 할 수 있다.

부지런한 소수의 학생들에게 승진과 영예와 공적인 찬사가 주어지는 것을 볼 때에 짧은 학창 시절을 교실 뒷 자리에 앉아서 보낸 사람들이 마음의 상처를 받게될 것을 조금도 두려워하지 말라. 그들은 그런 일에 상처를 받을 만큼 약하지 않다. 그들은 그것에 전혀 개의치 않고 생활할 수 있다. 그들의 진정한 관심은 거기에 있는 것이 아니라 그들에게 있다. 그들은 자신의 학창 생활을 대단히 즐긴다. 우리가 해야할 진정한 일은 그들로 하여금 학교의 진정한 존재 목적을 방해하지 못하게 하는 것이다.

이 이야기는 그만큼만 하기로 하자. 나는 하나의 전술적인 난관에 직면했었다. 『축배』는 미국에서 발행된 잡지에 실렸던 글이다. 내가 개탄하고 있는 교육의 경향은 다른 지역보다도 특히 미국에 크게 퍼져 있다. 만일 내가 노골적으로 글을 썼다면, 그 기사는 미국의 공립학교들에 대한 공격이 되었을 것이다. 교육을 받은 미국인들이라면 그것이 제기하는 것을 인정했겠지만, 자기가 조국의 일을 염려하는 마음에서 이런 말을 하는 것과 외국인이 하는 말을 듣는 것은 다르다. 그러므로 나는 내가 말하려는 핵심을 단도직입적으로 말하는 것을 좋은 태도가 아니며 좋은 전략도 아니라고 생각했다. 그래서 나는 반어법을 사용했다.

스크류테입은 실제로는 미국의 교육을 묘사하고 있으면서도, 끔찍한 본보기로서 영국의 교육을 제시하는 체한다. 나는 현명한 미국 독자들이라면 내가 펼치는 경기를 보고 그 해학을 이해할 것이라고 생각했다. 그리고 만일 우둔한 사람들이 진정한 의미에서의 민주적 교육은 영국에서 더 많은 성공을 거두었다고 믿는다면, 그들은 자기들의 교육 제도가 스크류테입이 묘사하고 있는 것과 닮았다는 것을 깨닫고 그로부터 교훈을 받을 것이다.

1962년
캠브릿지 모들린 학료에서
C. S. 루이스

〔지옥에서 미혹자들의 교육대학에서 젊은 마귀들을 위해 개최한 졸업 만찬 장면이다. 학장인 슬럽곱(Slubgob)박사가 방금 손님들의 건강을 위해 건배했고, 대단히 유능한 마귀인 스크류테입이 답사를 하려고 자리에서 일어난다.〕

존경하는 학장님, 임미넌스 각하, 디스그레이스 각하, 손즈(Thorns) 각하, 쉐이디즈(Shadies), 그리고 친애하는 마귀들이여,

이처럼 중요한 행사에서 발언하는 연사(演士)는 이제 대학을 졸업하고 곧 세상에서의 공적인 미혹자로서의 직무에 임명될 사람들을 대상으로 연설하는 것이 관례이므로 나는 그 관습에 기꺼이 따르겠습니다.

나는 처음 미혹자의 직책에 임명되기를 기다릴 때에 무척 불안했었습니다. 오늘 밤 여러분들도 모두 과거 내가 느꼈던 것과 같은 불안을 느끼고 있을 것입니다. 여러분들 앞에는 장차 나아갈 길이 놓여 있습니다. 지옥은 여러분들이 장차 자기가 맡은 일을 행함에 있어서 내가 거두었던 것처럼 확고한 성공을 거두기를 기대하며 또 그렇게 요구합니다. 성공하지 못할 경우에 자신에게 어떤 운명이 기다리고 있는지 여러분은 잘 알고 있습니다.

나는 여러분들로 하여금 맡은 일에 진력하게 만드는 채찍과 박차 역할을 하게 될 두려움, 즉 끊임없는 불안이라는 유익하고도 실질적인 요소를 축소하기를 원치 않습니다. 여러분들은 장차 인간에게 잠이라는 기능이 있음을 부러워하

게 될 것입니다! 그러나 동시에 나는 여러분들 앞에 전반적인 전략적 상황에 대한 적당히 고무적인 견해를 제시하겠습니다.

존경하는 학장께서는 연설을 하시면서 자신이 개최한 연회에 대해 변명 비슷한 말씀을 하셨습니다. 관대한 마귀들이여, 아무도 그를 비난하지 않습니다. 오늘 밤 우리는 인간의 영혼들의 괴로움이라는 음식을 먹고 있는데, 그 영혼들의 질이 지극히 보잘 것 없다는 것은 부인할 수 없는 사실입니다. 우리 세계의 고문자(拷問者)들의 훌륭한 요리법으로도 그것들을 맛있게 만들지 못했습니다.

다시 파리나타(Farinata)나 헨리 8세나 히틀러에게 열중할 수 있다면 얼마나 좋겠습니까! 그곳에는 진정한 활기가 있었습니다. 우리 것만큼 튼튼하지는 않지만 그래도 격정, 이기심, 잔인함이 있었습니다. 우리가 그것을 삼키려 했을 때, 그것은 그것은 기분 좋은 저항을 했고, 우리가 삼켰을 때에는 우리의 내면을 뜨겁게 했습니다.

그런데 오늘 밤 우리는 무엇을 먹고 있습니까? 시의 관리께서는 "수회(收賄)"라는 소스를 가지고 오셨습니다. 그러나 나는 개인적으로 그에게서 지난 세기의 위대한 거물들에게서 발견했던 기분 좋은, 진정으로 정욕적이고 육욕적인 탐욕을 감지하지 못했습니다. 그는 분명히 소인배입니다. 개인적으로는 하찮은 것들을 착복하고 있으면서도 공적인 발언을 할 때에는 케케 묵은 진부한 말로 부인하는 인물입니다. 그는 부패한 더러운 인물로서 다른 사람들이 모두 타락하므로 자신도 그렇게 한다는 고 생각하는 인물입니다.

또 간음자들로 요리한 미지근한 찜남비가 있었습니다. 여러분들은 그 안에서 화끈하게 달아올랐으며 반항적이며 반역적이고 만족을 모르는 욕정의 흔적을 발견했습니까? 나는 발견하지 못했습니다. 그들은 모두 선정적인 광고에 대한 자동적 반응이나 실수로, 혹은 스스로 현대적이며 인습에 구애되지 않는다고 생각하기 때문에, 혹은 자신의 젊음이나 정상적인 성기능을 확인하기 위해서, 또는 달리 할 일이 없기 때문에 옳지 않은 침상으로 기어 들어간 거세된 멍텅구리들처럼 느껴집니다. 솔직히 말해서, 남색꾼과 여색꾼을 모두 맛본 내가 볼 때 그것들은 메스꺼운 것들입니다.

폭동을 일으킨 노동조합원은 한층 훌륭한 가리개였을 것입니다. 그는 약간의 진정한 손해를 끼쳤습니다. 그는 유혈사태와 굶주림과 자유의 소멸을 위해 의도적으로 일했습니다. 어느 정도는 그렇게 했습니다. 그러나 그는 궁극적인 대상들을 하찮게 생각했습니다. 그의 생활을 실제로 지배한 것은 정치 노선과 자부심, 그리고 판에 박힌 일상의 일들을 발 끝으로 건드리는 것이었습니다.

중요한 것은 이제부터입니다. 이것들은 요리법으로 볼 때에 지극히 통탄스럽습니다. 그러나 나는 우리 중에 요리법을 우위에 두는 사람이 없기를 바랍니다. 보다 중요한 면에서 그것은 희망과 약속으로 가득하지 않습니까?

먼저 양(量)을 고려하십시오. 질이 좋지 않아도 좋습니다. 우리는 한 가지 종류의 영혼을 풍성하게 소유한 적이 한 번도 없었습니다.

그 다음으로 고려해야할 것은 승리의 기쁨입니다. 우리는 그런 영혼들―한 때 영혼이었던 것이 남긴 찌꺼기인 흙덩어리들―은 파멸시킬 가치가 없다고 말하고 싶은 유혹을 받습니다. 그러나 원수는 불가사의하고 왜곡된 이유 때문에 그들을 구원하기 위해 노력할 가치가 있다고 생각하였습니다. 내 말을 믿으십시오. 원수는 실제로 그렇게 했습니다. 여러분은 실제로 현장에서 근무해본 적이 없는 젊은 마귀들이기 때문에 우리가 얼마나 미묘한 솜씨를 발휘하고 수고하여 이 가련한 피조물들을 사로잡았는지 상상도 하지 못합니다.

난관은 그들의 지극한 인색함과 무기력함에 있었습니다. 지금 이곳에 와 있는 인간이라는 해충들은 마음이 지극히 혼란하며 환경에 대해 지극히 피동적으로 반응하기 때문에 대죄를 범할 만큼 명석하고 신중한 차원에 이르게 하기가 어려웠습니다. 그들의 명석함과 신중함이 필요한 수준을 조금이라도 넘었다면 아마 우리는 모든 것을 잃었을 것입니다. 즉 그들은 진리를 깨닫고 회개했을른지도 모릅니다.

반면에 만일 그들을 명석하지 못하고 신중하지 못한 수준에 묶어 두었다면, 그들은 아마 천국에도 적합하지 못하고 지옥에도 적합하지 못한 피조물이 되어 림보(Limbo)에 들어갔을 것입니다. 그들은 목표를 이루는데 실패하여 만족스러운 인간과 다소 흡사한 상태에 영원히 머물어야할 운명을 지닌 존재들입니다.

이러한 피조물들은 각기 원수가 잘못된 전향(선회)이라고 부르는 것을 선택하는데 있어서 처음에는 영적으로 완전하게 신뢰할만한 상태에 있지 못합니다. 그들은 원수가 금한 것들의 참된 특성이나 원천을 이해하지 못하며, 따라서 그 명령을 범합니다. 그들의 의식은 자신을 둘러싸고 있는 사회적 분위기를 떠나서는 존재하지 못합니다.

물론 우리는 그들의 언어 자체가 더러움과 오염이 되도록 획책해왔습니다. 그들은 다른 사람들은 뇌물이라고 여기는 것들을 팁이나 선물이라고 생각합니다. 물론 그들을 미혹하는 자들이 하는 일은 그들로 하여금 되풀이하여 지옥으로 가는 길을 택하여 습관이 되게 만드는 것이었습니다.

그 다음에는 그 습관을 하나의 원리—그 피조물이 옹호하려 하는 원리—로 변화시키는 것인데 이것이 가장 중요할 것입니다. 그렇게만 하면 모든 일이 순조롭게 진행될 것입니다. 처음에는 단순히 본능적으로, 심지어 기계적으로 사회 환경에 순응했으나, 이제는 통일이나 서로 닮은 사람들이 되는 것에 대한 이상, 혹은 인정되지 않은 신조가 됩니다. 그들은 전에는 법을 알지 못했기 때문에 법을 범해왔으나, 이제 그러한 무지는 법에 대한 애매한 이론—보수적 도덕, 청교도적 도덕, 또는 부르조아적 도덕이라고 표현되는 이론—으로 변합니다. 그들이 역사를 알지 못한다는 것을 기억하십시요.

그리하여 그 피조물의 중심에는 점차 현재의 상태를 그대로 유지하려는 단단하고 확고한 결심이 존재하게 되며, 심지어 그것을 변화시키려는 것에 저항하려는 분위기까지 존재하게 됩니다. 그것은 대단히 하찮은 결심이며 사려깊은 것이 아니요, 도전적인 것도 아닙니다(그들은 감정과 상상력이 너무나 빈약하기 때문에 그러한 일을 하지 못합니다). 그것은 자갈이나 초기의 암세포처럼 그 나름대로 단단하고 진지하지만 결국 우리에게 이바지할 것입니다. 그리하여 마침내 분명하지는 않지만 원수가 은혜라고 부르는 것에 대한 진정하고 신중한 거부가 나타나게 됩니다.

두 가지 좋은 현상이 있습니다. 첫째는 우리의 포로들이 많다는 것입니다. 우리가 먹는 음식이 맛은 없지만 굶주릴 위험은 없습니다. 둘째는 승리의 기쁨입니다. 우리 미혹자들의 솜씨는 지금 절정에 달해 있습니다. 그러나 내가 아직 제시하지 않은 세번째 교훈이 그 중에서도 가장 중요합니다.

오늘 밤에도 우리의 양식이 될 절망과 멸망을 제공하는 영혼들은 증가하고 있으며 앞으로도 계속 증가할 것입니다. 지하 사령부로부터 받은 보고서는 이것이 사실이라는 것을 확인해줍니다. 우리의 첩보원들은 이러한 상황을 염두에 두고 모든 전략의 방향을 정하라고 경고해줍니다.

우리의 마음에 드는 분명한 정욕들을 무한히 추진하고 있는 큰 죄인들, 원수가 가증스럽게 여기는 대상물들에게 지극한 관심을 기울이는 큰 죄인들은 완전히 사라지지 않겠지만 점점 줄어들 것입니다. 우리가 포획하는 것들은 계속 증가하겠지만, 갈수록 쓰레기 같이 하찮은 것들을 붙잡게 될 것입니다. 전 같으면 우리는 그런 것들은 악마가 사용하기에 부적합하다고 여겨 케르베루스(Cerberus)나 지옥의 개에게 던져 주었을 것입니다.

나는 이것에 대해 여러분들이 두 가지 사실을 깨닫기를 바랍니다. 첫째, 그것은 표면적으로는 침울하게 보일지 모르지만 보다 나은 상태를 향한 발전적인 변화라는 것입니다. 둘째로 나는 여러분들이 그러한 상태를 초래한 수단에 관심을 기울이기를 원합니다.

그것은 보다 좋은 것을 위한 발전적인 변화입니다. 위대하고 만족스러운 죄인들은 위대한 성인들이라는 무시무시한 현상들과 동일한 재료에서 만들어집니다. 그러한 재료가 사라지는 것은 우리의 음식이 맛없는 것이 된다는 것을 의미합니다. 그러나 그것은 원수에게는 완전한 좌절과 굶주림이 됩니다. 원수가 인간을 창조하고, 인간 중 하나가 되어서 고통을 받아 그들 속에서 죽은 것은 림보(Limbo)에 들어갈 후보들, 즉 그의 기대를 저버린 인간들을 만들어내기 위한 것이 아니었습니다. 그는 성도들, 신들, 자기 자신과 닮은 존재들을 만들기를 원했습니다. 지금 여러분의 상태가 따분한 것은 원수의 위대한 경험이 소멸하고 있다는 기분 좋은 지식의 대가라고 하기에는 너무 하찮은 것입니다.

그것만이 아닙니다. 갈수록 큰 죄인들이 줄어들고 대다수의 죄인들이 개성을 상실함에 따라, 큰 죄인들은 훨씬 더 유능한 우리의 대리인이 됩니다. 독재자와 정치 선동자, 거의 모든 영화 배우나 가수들은 수십만 명의 인간들을 끌고 다닐 수 있습니다. 군중들은 이러한 유명인에게 자신을 바치며, 그렇게 함으로써 우리에게 자신을 바칩니다. 장차 우리가 극소수의 인간들을 유혹하는 일을 제외하고는 개별적인 유혹에 대해 전혀 신경을 쓸 필요가 없는 때가 올 것입니다. 길잡이 양을 잡으십시오. 그리하면 그를 따르는 모든 양들도 잡을 수 있을 것입니다.

여러분은 우리가 많은 인간들은 하찮은 수준으로 전락시키는 일에 얼마나 큰 성공을 거두었는지 알고 있습니까? 이것은 우연히 이루어진 일이 아닙니다. 그것은 일찍이 우리가 직면했던 중 가장 심각한 도전에 대한 우리의 응답이었습니다.

19세기 후반—내가 미혹자 역활을 그만두고 관리직에 있었던 기간—의 인간의 상태를 말씀드리겠습니다. 그 즈음 인간들이 벌인 자유 평등주의 운동이 성숙하여 열매를 맺게 되었습니다. 노예제도가 폐지되었고, 미국은 독립전쟁에서 승리를 거두었으며, 프랑스 혁명도 성공했습니다. 또 신앙의 자유가 거의 모든 지역에서 증대되고 있었습니다.

그러나 그 운동 속에는 본질적으로 우리에게 유익한 요소, 즉 무신론, 교권 반대주의, 복수심, 우상 숭배 등을 부흥시키려는 시도 등이 섞여 있었습니다. 그러나 우리가 어떤 태도를 취해야 할지 결정하는 일은 쉽지 않았습니다.

굶주리던 사람들이 배를 채우게 되었고, 오랫 동안 속박을 받아온 사람들이 굴레에서 벗어난 것은 우리에게는 쓰라린 타격이었으며 지금도 역시 타격입니다. 그러나 한편, 그 운동 속에는 신앙의 배격, 유물론, 세속주의, 증오 등이 들어 있었으므로 우리는 그것을 장려해야 할 의무를 느꼈습니다.

19세기 후반의 상황은 훨씬 더 단순하면서도 훨씬 더 불길했습니다. 영국에서는 무서운 사태가 발생했습니다. 원수가 날랜 솜씨로 이 발전적이고 자유주의적인 운동을 전유(專有)하여 자신의 목적에 맞게 만들었으므로 과거에 있었던 반기독교적인 요소가 거의 남지 않게 되었습니다. 기독교 사회주의라고 불리우는 위험한 현상이 방어물이었습니다.

노동자들의 땀을 착취하여 부자가 된 공장주들은 자기가 고용한 노동자들에 의해 살해되지는 않았지만 자기와 같은 계층의 사람들로부터 외면을 당했습니다. 부자들은 혁명과 강압 때문이 아니라 자기들의 양심에 순종하여 점차 자신의 재력을 포기하였습니다. 또 이로 인해 유익을 얻은 가난한

자들도 대단히 실망스러운 방법으로 행동했습니다. 그들은 우리가 기대하고 바라는 것처럼 대량 학살, 약탈, 강탈, 혹은 영구적인 흥분을 위해 자신의 새로운 자유들을 사용하지 않았습니다. 그들을 더 정직하고, 더욱 질서를 지키고, 더욱 검소하고, 더 훌륭한 교육을 받고, 더 고결해지는 일에 몰두했습니다.

친애하는 마귀들이여, 그 사회의 건전한 상태가 우리에게 주는 위협은 무척 심각한 것처럼 보였습니다. 그러나 지하에 계신 대왕님 덕택에 우리는 그 위협을 피했습니다.

우리의 역습은 두 가지 차원에서 이루어졌습니다. 가장 심오한 차원에서 우리의 지도자들은 초창기에서부터 그 운동에 내포되어 있었던 요소가 완전히 활동할 수 있게 만들 계획을 세웠습니다. 자유를 위해 싸우는 그 운동의 중심에는 개인의 자유에 대한 깊은 증오심이 감추어져 있었는데, 지극히 귀중한 인간 루소(Rousseau)가 처음으로 그것을 드러냈습니다. 그의 완전한 민주주의 속에서는 국가 종교만 허용되며, 노예제도가 부활되고, 정부가 명하는 것은 개인이 진정으로 원한 것이라고 주장한다는 것을 기억하십시오.

그것을 출발점으로 하여 우리를 지원하는 또 다른 선전자인 헤겔(Hegel)을 경유하여 우리는 나치와 공산 국가를 고안해내었습니다.

우리는 영국에서도 꽤 성공을 거두었습니다. 요전 날 나는 영국에서는 허가를 받지 않고서는 개인이 자기의 도끼로 자기의 나무를 베어 자기의 톱으로 널판지를 만들고 그 널판지로 자기 정원에 연장 창고 조차 만들 수 없다는 소식을 들었습니다.

그것이 바로 우리의 역습이었습니다. 이제 막 일을 시작하려는 신참자인 여러분에게는 그런 종류의 일을 맡기지 않을 것입니다. 여러분은 평민들을 미혹하는 임무를 맡게 될 것입니다. 그들을 대적하거나 그들을 통한 우리의 역습은 다른 형태를 취합니다.

여러분은 민주주의라는 단어를 사용하여 그들을 자유자재로 다룰 수 있어야 합니다. 우리의 언어철학 전문가들이 인간의 언어를 훌륭하게 전와(轉訛)시켜 놓았으므로 인간이 이 단어에 보다 분명하고 확실한 의미를 부여하는 것을 허락해서는 안된다는 경고는 필요 없게 되었습니다. 그들은 그런 일을 하지 않을 것입니다. 민주주의라는 것이 하나의 정치 체계, 회전하는 체계를 지칭하는 명사라는 것, 그리고 이것은 여러분이 그들에게 받아들이게 만들려는 것과는 지극히 멀고 희박한 관계를 가지고 있다는 것을 그들은 결코 생각하지 못할 것입니다.

물론 그들이 아리스토텔레스가 한 것과 같은 질문—"민주적인 행동"이란 민주주의가 좋아하는 행동을 의미하는 것인지, 민주주의를 보존하는 행동을 의미하는 것인지—을 하는 것도 허락해서는 안됩니다. 만일 그들이 이런 질문을 하게 되면, 그들은 이 두 가지가 같을 필요가 없다는 것을 생각하게 될 것입니다.

여러분들은 그 단어를 하나의 주문(呪文)으로서 사용해야 합니다. 여러분은 그것의 수요 창출을 위해서만 사용해야 합니다. 그것은 인간이 귀히 여기는 명사입니다. 물론 그것은 모든 사람은 동일한 대우를 받아야한다는 정치적 이상과 연결되어 있습니다. 그러므로 여러분은 은밀하게 그들의 마음 속에 있는 정치적 이상을 변화시켜 모든 사람이 평등하다는 실제의 신념으로 만들어야 합니다.

특히 여러분은 자신이 사역하는 대상에게 이러한 일을 해야 합니다. 여러분은 민주주의라는 단어를 사용하여 그로 하여금 인간의 감정 중에서 가장 비열한 것을 느끼게 만들 수 있습니다. 여러분은 그로 하여금 전혀 부끄러움을 느끼지 않으며 또 적극적인 자기 인정의 열정을 가지고서 민주주의라는 마술적인 단어가 옹호하지 않으면 조롱을 받을 행동을 실천하게 만들 수 있습니다.

내가 의미하는 감정이란 인간들로 하여금 "너와 나는 동등하다"라고 말하도록 촉구하는 것입니다.

가장 분명하고 으뜸되고 유익한 일은 훌륭하고 확고하고 철저한 거짓말이 그의 생활의 중심에 오게 하는 것입니다. 내가 의미하는 것은 그의 주장이 실제로 거짓이라는 것, 즉 그의 허리 싸이즈와 키가 다른 사람들과 같지 않듯이 자비와 정직과 상식에 있어서도 그가 만나는 모든 사람들과 동등하지 않다는 것입니다.

내가 말하는 의도는 그 자신이 그것을 믿지 않는다는 것입니다. "너와 나는 동등하다"라고 말하는 사람은 실제로는 그것을 믿지 않습니다. 그렇게 믿는 사람은 그런 말을 하지 않을 것입니다. 성인 버나드(Bernard)는 작은 개에게 그런 말을 하지 않으며, 학자는 바보에게 그런 말을 하지 않으며, 직장을 가지고 있는 사람은 부랑자에게 그런 말을 하지 않으며, 아름다운 여인은 평범하게 생긴 여인에게 그런 말을 하지 않습니다.

스스로 열등하다고 느끼는 사람들만이 철저하게 정치적인

분야 밖에서의 평등을 주장합니다. 그들이 주장하는 평등은 여러분의 환자가 통렬하게 인식하면서도 받아들이려 하지 않는 열등감을 표현합니다.

그렇기 때문에 그들은 분개합니다. 그들은 다른 사람들이 가지고 있는 모든 종류의 우월함에 대해 분개하며, 그것을 훼손하고 없애려하며, 우월함의 근거가 되는 모든 차이점까지도 불량한 것이라고 생각하게 됩니다. 그는 어떤 사람도 아무도 자기와 다른 음성, 의복, 태도, 오락, 음식물에 대한 기호를 가져서는 안된다고 생각합니다: "여기 이 사람은 나보다 더 영어를 분명하고 완곡하게 말한다. 그것은 악하고 거만하고 잘난 체하는 태도가 분명하다. 여기에 핫덕을 좋아하지 않는다고 말하는 녀석이 있다. 그는 자신이 핫덕보다 더 훌륭한 음식을 먹어야 한다고 생각한다. 여기에 요금을 넣고 희망하는 음악을 들을 수 있는 자동 전축을 틀어보려 하지 않는 사람이 있다. 그는 스스로 지식인인 체하기 때문에 자신을 과시하기 위해서 그렇게 행하는 것이다. 만일 그들이 정말로 신뢰할 만한 사람이라면, 아마 나와 닮아야 할 것이다. 그들은 나와 다르면 안된다. 그것은 비민주적인 일이다."

이 유익한 현상은 본질적으로는 결코 새로운 것이 아닙니다. 그것은 수천년 동안 탐심이라는 이름으로 인간들에게 알려져 있었습니다. 그러나 지금까지 인간들은 그것을 지극히 가증하면서도 동시에 익살맞은 악이라고 여겨왔습니다. 탐심을 느끼는 사람들은 부끄럽게 여기며, 탐심을 느끼지 않는 사람들은 다른 사람들에게서 발견하는 탐심을 무자비하게 해치웁니다.

여러분은 "민주적"이라는 단어를 주술적으로 사용함으로써 현재 상태의 기분좋은 새로움을 인정할 수 있으며, 그것을 존경스럽고 칭찬할만한 것으로 만들 수 있습니다.

어느 정도, 혹은 완전히 열등한 사람들은 이 주문(呪文)의 영향 하에서 다른 모든 사람들은 자신의 수준으로 끌어내리기 위해 전보다 더 열심히 노력하고 성공을 거둡니다.

그것만이 아닙니다. 완전한 인간성에 이르렀거나 그것에 가까이 갈 수 있을 사람들도 동일한 주문의 영향을 받게 되면 자신이 비민주적인 사람이 되는 것에 대한 두려움 때문에 그것으로부터 물러섭니다. 나는 때때로 젊은 인간들이 자신이 다른 사람들과 닮은 사람이 되는 것에 방해가 된다는 이유로 고전 음악이나 문학에 대한 취향이 싹트지 못하도록 억제한다는 소식을 듣습니다.

그러나 진정으로 정직하고 정숙하며 절제 있는 사람이 되기를 원하며, 그렇게 될 수 있게 해주는 은혜를 받은 사람들은 그 주문을 배격합니다. 그것을 받아들이는 것은 그들의 생활 방식에 위배됩니다. 그것은 그들을 지금과 다른 사람이 되게 만들 것이며 그들을 통일성에서 탈피하게 하며, 그들과 그 집단의 통일성을 손상시킬 수도 있습니다. 가장 무서운 것은 그들이 개성을 지닌 개인이 될 수도 있다는 것입니다.

이 모든 것이 최근에 어느 처녀가 드린 기도에 요약되어 있습니다. 그 처녀는 다음과 같이 기도했습니다.

"오, 하나님,
나로 하여금 정상적인 20세기의 여인이 되게 하여

주시옵소서."

우리가 노력하면 이 기도는 점차 "나를 말괄량이, 얼간이, 아첨꾼이 되게 하여 주세요"라는 의미를 갖게 될 것입니다.

한편, 기분 좋은 부산물로서, 어리석은 대중은 자기들과 연합하여 닮은 사람이 되지 못한 극소수의 사람들로 하여금 학자라고 믿게 만드는 경향이 있습니다. 흔히 의심은 그 의심의 대상을 만들어냅니다. ("내가 무슨 일을 해도 이웃들은 나를 마녀나 공산주의자라고 생각할 것이다. 새끼 양 때문에 교수형을 당하는 것이나 어미 양 때문에 교수형을 당하는 것이나 마찬가지일 것이다.") 결과적으로 우리는 지금 비록 규모는 적지만 지옥 운동을 전개하는데 대단히 유익한 지식 계층을 가지고 있습니다.

그러나 그것은 부산물에 불과합니다. 나는 여러분이 인간이 지니고 있는 모든 종류의 장점—도덕적, 문화적, 사회적, 지적 장점—을 믿을 수 없는 것으로 여기며 궁극적으로 그것들의 제거를 지향하는 방대하고 전반적인 운동에 주의를 집중하기를 원합니다.

현재 "민주주의"가 고대 독재정권들이 행했던 것과 동일한 사역을 동일한 방법에 의해서 우리를 위해 행하고 있다는 것은 참으로 기분 좋은 일이 아닙니까? 여러분은 과거 어느 희랍의 독재자가 통치의 원리들에 대한 조언을 얻기 위해 다른 독재자에게 특사를 보냈었다는 것을 기억합니까? 질문을 받는 독재자는 특사를 데리고 곡식밭으로 가서는 일반적으로 다른 보리보다 더 높이 자란 보리 줄기들을 모두 지팡이로 내리쳤습니다.

　이것이 주는 교훈은 분명합니다. 즉 "당신의 백성들이 탁월해지는 것을 허락하지 마십시요. 어떤 사람도 대중보다 더 지혜롭거나 선하거나 유명하거나 훌륭하게 살지 못하게 하십시요. 그들을 모두 동일한 수준에 묶어 두십시요. 모두 노예, 하찮은 사람, 보잘 것 없는 사람으로 만드십시요. 모두 동등하게 만드십시요."라는 뜻이었습니다.

　이와 같이 독재자들도 어떤 의미에서는 "민주주의"를 실천했습니다. 그러나 오늘의 "민주주의"는 독재를 하지 않고도 자신의 힘만으로 동일한 일을 할 수 있습니다. 오늘날에는 아무도 지팡이를 가지고 곡식밭을 지나갈 필요가 없습니다. 작은 곡식 줄기들이 저절로 커다란 줄기들의 꼭대기를 상하게 할 것이며, 커다란 줄기들은 서로 닮은 곡식줄기가 되려는 갈망에서 자신의 꼭대기를 상하게 할 것입니다.

　이처럼 작은 영혼들, 개별적인 존재이기를 포기한 인간들의 파멸을 확보하는 것은 고된 일이며 방심할 수 없는 일입니다. 그러나 적절한 수고와 기술을 발휘하면, 여러분은 확실한 결과를 얻을 수 있을 것입니다.

　큰 죄인들은 쉽게 사로잡을 수 있는 것처럼 보이지만 기대할 수 없습니다. 여러분이 70년 동안 그들을 자유자재로 가지고 놀았더라도, 71년이 되는 해에 원수가 여러분의 발톱에서 그들을 채어갈 수 있습니다. 그들이 진정한 회개를 할 수 있다는 것을 여러분는 알고 있습니다. 그들은 진정한 죄의식을 느낄 수도 있습니다. 그들은 지금은 우리를 위해 자신의 사회적인 즐거움을 무시하지만, 만일 사태가 악화된다면 우리의 원수를 위해 자신의 사회적인 즐거움을 포기할 수 있습니다.

　어떤 면에서는 조그만 말벌을 추적하여 강타하는 것이 사나운 코끼리를 가까이에서 쏘는 것보다 더 골치 아픈 일입니다. 그러나 코끼리를 놓친다면, 더 골치 아프게 될 것입니다.

　앞에서 말했듯이 나는 주로 영국 작전지구에서 일했으며, 지금도 다른 곳보다는 그곳으로부터 많은 소식들을 입수하고 있습니다. 이제 내가 이야기하려는 것은 장차 여러분이 일할 작전지구에는 그다지 적용되지 않는 것일 수도 있을 것입니다. 그러나 여러분은 그곳에 도착한 후에 내가 말한 것을 필요에 따라 조정하여 활용할 수 있을 것입니다. 내가 말하는 것이 분명히 적용되는 곳이 있을 것입니다. 만일 그것이 그다지 적용되지 않는다면, 여러분들은 자신이 다루고 있는 나라를 현재의 영국 상태와 닮게 만들려고 노력해야 합니다.

　영국에서는 "너와 나는 동등하다"는 정신이 일반적인 사회적 영향력 이상의 것이 되어 있으며,. 그것이 그들의 교육 체계에 작용하기 시작하였습니다. 현재 영국에서 그것의 작용이 얼마나 진행되었는지 분명하게 말하고 싶지 않으며, 또 그것은 중요한 것이 아닙니다. 일단 여러분이 그러한 경향을 포착하기만 하면, 그것이 장차 어떻게 발달할 것인지 알 수 있을 것이며, 특히 그렇게 발달하는 과정에서 우리가 행해야할 역활을 쉽게 예언할 수 있을 것입니다.

　새로운 교육의 기본 원리는 바보와 게으른 학생들이 똑똑하고 근면한 학생들보다 열등하다고 느끼게 해서는 안된다는 것입니다. 그런 일은 "비민주적"인 일일 것입니다. 학생들간에는 분명하고 적나라한 개인적인 차이점들이 있는데, 이러한 차이점들을 숨겨야 한다는 것입니다.

이것은 여러 차원에서 이루어질 수 있습니다. 대학교의 시험은 거의 모든 학생들이 좋은 점수를 얻도록 출제되어야 합니다. 입학시험은 고등교육을 받음으로서 유익을 얻을 능력이 있는지의 여부와는 상관없이 모든 시민들, 혹은 거의 모든 시민들이 대학에 진학할 수 있도록 출제되어야 합니다. 학교에서 둔하거나 게을러서 어학이나 수학이나 기초과학을 배울 수 없는 어린이들에게는 그들이 여가 시간에 즐겨 행하는 일들을 하게 해야 합니다. 예를 들자면, 그들로 하여금 진흙으로 파이를 만들게 하고는 그것을 모형 제작이라고 부르게 하십시오. 그러나 항상 그들이 실제로 작업을 하고 있는 어린이들보다 열등하다는 암시를 조금도 하지 말아야 합니다. 그들이 몰두하고 있는 모든 허튼 소리에는 "존경과 유사한 것"이 있어야만 합니다.

그보다 한층 철저한 계획도 가능합니다. 능력이 있어 상급반으로 진급해야할 어린이를 인위적으로 저지해야 합니다. 왜냐하면 진급하지 못하는 다른 어린이들이 마음의 상처를 받을 수 있기 때문입니다. 이리하여 총명한 학생은 학교 생활을 하는 동안 내내 자기 나이 또래의 그룹에게 속박을 당해야 하며, 에스킬러스(Aeschylus; 그리스의 시인)나 단테의 시를 읽을 능력이 있는 소년은 "고양이 한 마리가 앉아 있습니다"라는 기초적인 문장을 읽는 법을 배우는 동년배의 시도에 귀를 기울이며 앉아 있어야 하는 "민주적인" 결과가 나타납니다.

한 마디로 말해서 "너와 나는 동등하다"라는 정신이 완전히 효력을 발휘할 때 우리는 합리적으로 교육의 실질적인 철폐를 희망할 수 있을 것입니다. 학습을 촉진하기 위한 특권과 학습하지 않는데 대한 형벌이 완전히 사라질 것입니다. 학습을 원하는 소수의 사람들은 방해를 받을 것입니다. 누가 감히 자기 동료들을 능가하려 할 수 있다는 말입니까? 교사들이나 간호사들은 너무나 바쁘기 때문에 바보들을 격려해 주어 참된 학습을 하도록 힘을 북돋아 주는 일에 시간을 허비하지 않을 것입니다. 우리는 더 이상 인간 사회에 요동치 않는 자만심과 치료할 수 없는 무지를 퍼뜨리려고 계획하며 수고하지 않게 될 것입니다. 왜냐하면 그 작은 해충들이 스스로 우리를 위해 그 일을 행하게 될 것이기 때문입니다..

물론 만일 교육이 완전히 국가에서 관리하는 국립 교육이 되지 않는다면 이러한 일은 생기지 않을 것입니다. 그러나 장차 모든 교육은 국가에서 관리하게 될 것입니다. 그런 목적을 위해 고안된 벌금은 중산층, 자녀들을 개인적으로 교육시키기 위해서 돈을 사용하며 자녀들을 위해 희생을 할 각오가 되어 있는 계층을 없애고 있습니다. 이 계층의 제거는 "너와 나는 동등하다"는 정신의 불가피한 결과로서 교육의 철폐와 연결됩니다.

결국 사회적인 집단이 많은 과학자, 의사, 철학자, 신학자, 시인, 예술가, 작곡가, 건축가, 판사, 관리 등을 배출했습니다. 만일 꼭대기를 잘려야 할만큼 웃자란 곡식 줄기 다발이 있다면, 분명히 이런 사람들일 것입니다.

얼마 전 어느 영국인 정치가는 "민주주의는 위대한 사람들을 원하지 않는다."고 말했습니다. 그런 녀석에게 "원한다"는 것이 "필요"를 의미하는지, 아니면 "기호"를 의미하는지를 묻는 것은 무익한 일이겠지만, 여러분들은 그 점을 분명히 해두는 것이 좋습니다. 왜냐하면 여기에서 다시 아리스토텔레스의 질문이 부상(浮上)하기 때문입니다.

지옥에서는 단어의 뜻 그대로의 민주주의, 정치적인 장치의 사라짐을 환영할 것입니다. 모든 정치 형태들이 그렇듯이, 민주주의는 간혹 우리에게 유익하게 작용하기도 하지만, 전반적으로는 다른 정치 형태들만큼 유익을 주지는 못합니다. 우리가 반드시 깨달아야할 것은 악마적인 의미에서의 "민주주의"(너와 나는 동등하다고 말하는 정신, 서로 닮은 사람이 되는 것, 통일)는 우리가 세상에서 정치적 민주주의들을 근절하기 위해 사용할 수 있는 가장 훌륭한 도구입니다.

(악마적인 의미에서의) "민주주의"나 "민주 정신"은 위인이 없는 국가, 충분한 소양이 결여된 사람들로 이루어진 국가, 아첨이 무지를 기초로 하여 탄생시키는 자만심으로 가득찬 국가, 조금만 비판을 받아도 쉽게 소리를 치고 투덜거리는 국가로 이어집니다. 그리고 그것은 바로 지옥이 원하는 상태입니다.

이런 국가와 어린이들은 공부를 해야 하며 재능을 귀하게 여기며 무식한 대중에게는 공적인 일에 있어서 전혀 발언권이 허락되지 않는 국가와 싸운다면, 단 한 가지 결과가 나타날 수 있습니다.

최근에 민주주의 국가들은 러시아가 과학에 있어서 자신을 앞지른 것을 발견하고서 깜짝 놀랐습니다. 이것은 인간의 맹목성을 드러내주는 훌륭한 본보기입니다! 그들 사회의 전반적인 경향이 모든 종류의 우수성을 대적할진대, 어찌 자기 나라 과학자들이 탁월하기를 기대할 수 있다는 말입니까?

우리는 민주 국가들이 본래 좋아하고 즐기는 행동, 태도, 마음 가짐을 장려해야 합니다. 왜냐하면, 이것들은 억제되지 않으면, 민주주의를 파괴할 것이기 때문입니다. 여러분은 인간이 그것을 알지 못한다는 것을 의아하게 생각할 것입니다. 비록 그들이 아리스토텔레스의 저서를 읽지 않는다 해도(그것은 비민주적인 일일 것입니다), 여러분은 프랑스 혁명은 귀족들이 본래 좋아하는 행위가 곧 귀족정치를 보존하는 행동은 아니라는 것을 그들에게 가르쳤을 것이며, 그들은 동일한 원리를 모든 형태의 정치에 적용했을 것이라고 생각할 것입니다.

나는 이런 어조로 연설을 마치지는 않겠습니다. 나는 여러분이 사역하는 대상이 될 인간들의 마음 속에 심어야 할 망상을 여러분 자신의 마음 속에 장려하지는 않겠습니다. 내가 말하는 망상이란 국가의 운명은 본래 개개인의 영혼들보다 더 중요하다는 것입니다. 자유 국가들의 전복과 노예 국가들의 증가는 우리가 사용할 하나의 수단입니다.

그러나 우리의 진정한 목적은 개인의 멸망입니다. 왜냐하면 구원을 받거나 저주를 받는 것, 원수의 자녀가 되거나 우리의 먹이가 되는 것은 개개인의 영혼이기 때문입니다. 혁명이나 전쟁이나 기근이 우리를 위해 발휘하는 궁극적인 가치는 그것이 만들어내는 고통과 배반과 증오와 격노와 절망에 있습니다.

"너와 나는 동등하다"는 정신은 민주 사회의 멸망을 위한 유익한 수단입니다. 그러나 그것의 보다 귀한 목적은 필연적으로 겸손과 박애와 만족과 감사와 칭찬의 즐거움들을 배제하며 최종적으로 인간을 천국으로 인도할 가능성이 있는 모든 길에서 인간을 돌이키게 하는 마음 상태라는데 있습니다.

이제 내가 맡은 일 중에서 가장 즐거운 일을 할 때가 되었습니다. 나는 손님들을 대신하여 슬럽곱 학장과 미혹자 교육 대학을 위해 건배하겠습니다. 자, 여러분의 잔을 채우십시요. 내 눈 앞에 있는 이것은 무엇입니까? 내가 맡는 이 향기는 무엇입니까? 친애하는 학장님, 내가 이 만찬에 대 무례한 말을 했던 일을 용서하십시요. 나는 우리가 전시(戰時) 상태에 있지만 대학 지하실에는 아직 "바리새인"이라는 좋고 오래 된 포도주가 몇 다스 있다는 것을 압니다. 좋습니다. 이것은 옛 시대와 같습니다.

친애하는 마귀들이여, 잔을 드십시요. 그것을 밝은 곳으로 들어 올리십시요. 그 어두운 곳에서 비틀리고 뒤얽히는 저 격렬한 줄무늬들을 보십시요. 그것들은 마치 싸우는 듯 합니다. 실제로 그것들은 싸우고 있습니다.

여러분은 이 포도주를 어떻게 혼합했는지 아십니까? 바리새인의 여러 가지 상이한 전형(典型)들이 수확되고 짓밟히고 발효되어 한데 어우러져 미묘한 향기를 만들어낸 것입니다. 그것들은 세상에 있을 때에는 서로 적대적인 것들, 즉 규칙, 유물, 묵주, 암갈색의 충충한 옷, 근엄한 얼굴, 극장에 가지 않고 포도주를 마시지 않으며 카드놀이를 하지 않는 절제 등입니다. 이것들 안에는 공통적으로 독선이 들어 있었고, 그들의 실제의 모습과 우리의 원수가 명한 것

사이에는 엄청난 거리가 있었습니다. 한 신앙에서 살아 있는 진리라고 여기는 것을 다른 신앙에서는 악이라고 간주합니다. 중상은 그것의 복음이요, 명예훼손은 연도(聯禱, 탄원기도)였습니다. 그들은 서로를 그지 없이 미워했습니다. 이제 그들이 영원히 결합되었는데도 서로 화해하지 못했으니 얼마나 더 서로를 미워하겠습니까! 그들이 서로 결합할 때의 경악과 분노, 영원히 회개하지 않는 원한의 쓰라림은 우리의 위장 속으로 들어가 불처럼 작용할 것입니다. 그것은 어두운 불입니다.

사랑하는 친구들이여, 이것으로 축사를 마치겠습니다. 대부분의 인간들이 "신앙"이라는 것에 의해서 의미하는 것이 세상에서 영원히 사라지는 것은 우리에게는 좋지 않은 일일 것입니다. 그것은 아직도 우리에게 달콤한 죄들을 보내줄 수 있습니다. 거룩치 못함이라는 훌륭한 꽃은 거룩한 것들의 이웃에서만 자랄 수 있습니다. 우리가 가장 성공적으로 인간을 유혹할 수 있는 곳은 바로 제단으로 올라가는 계단입니다.

임미넌스 각하, 디스그레이스 각하, 손스 각하, 쉐이디스, 그리고 친애하는 마귀들이여, 슬럽곱 학장과 대학을 위해 건배합시다.